Fedal

Federer Nadal

Rémi Bourrières et Christophe Perron

Fedal

Federer Nadal

Flammarion

ISBN : 978-2-0802-5415-3

Avant-propos

C'est lors de la première rencontre, paraît-il, que se tissent les grands enjeux de la réussite d'un couple. Les chemins de Roger Federer et Rafael Nadal se sont sans doute brièvement croisés à Hambourg, en 2003, pour leur premier tournoi commun sur le circuit ATP. Mais leur idylle débute quelques mois plus tard, dans la soirée du 16 mars 2004 à Indian Wells, sous le ciel étoilé du désert californien. Le « Stadium 2 » est encore garni à souhait pour le dernier match du jour, un double qui vaut bien un dernier détour, du fait de la présence du n° 1 mondial Roger Federer, 22 ans, associé à son ami et compatriote Yves Allegro. Les curieux veulent aussi découvrir de visu ce jeune gaucher espagnol si prometteur, déjà 36e mondial à 17 ans, un certain Rafael Nadal.

Dans les vestiaires d'Indian Wells, Federer et Nadal se saluent avant d'entrer ensemble sur le court pour la première fois. *« Roger a toujours été très bienveillant avec les jeunes qui arrivent sur le circuit. En tant que leader du circuit, il allait souvent se présenter dans les vestiaires quand un jeune arrivait*, raconte Yves Allegro. *Mais je n'ai pas le souvenir d'un contact très long dans les vestiaires avant le match. Rafa ne parlait pas anglais, ou alors comme une vache espagnole...* » L'histoire retiendra que c'est Nadal, associé à son compatriote Tommy Robredo, qui a remporté ce premier match 5-7, 6-4, 6-3. L'occasion pour Federer de tâter pour la première fois de cette patte gauche déjà redoutable. Les deux Suisses sont tout de suite impressionnés par l'intensité phénoménale dégagée par cet adolescent à la gueule d'Apache. Sa balle tourbillonnante est étonnamment difficile à contrôler, particulièrement à la volée.

Federer pressent-il déjà l'ampleur de la menace ? En tout cas, il ne tarit pas d'éloges sur ce jeune Espagnol : « *Roger dit rarement qu'un jeune va être très fort avant de jouer contre lui en simple. Mais là, il m'a tout de suite dit "celui-là, il va être très fort, et pas seulement sur terre battue"* », se rappelle Yves Allegro.

La poignée de main finale est l'occasion pour les deux hommes, vêtus du même haut blanc et rouge, de poursuivre les présentations en échangeant quelques mots avec un sourire. Apparemment, le contact est bien passé, puisque le lendemain Nadal prend place au bord du court, non loin de la compagne de Federer, Miroslava Vavrinec, plus connue sous le nom de Mirka, pour assister en spectateur à la victoire expéditive du Suisse contre Juan Ignacio Chela. Nadal assis dans le box de Federer, cette image rare témoigne déjà d'une envie réciproque de mieux se connaître, un premier acte posé dans l'espoir d'une destinée commune.

N° 1

Dimanche 28 mars 2004
Miami

16e de finale

La nuit est plutôt fraîche, ce soir-là, à Miami. Nous sommes à l'aube d'une grande rivalité mais ce premier Fedal de l'histoire se dispute au crépuscule d'une journée copieuse. En night session, donc. Le central de Crandon Park, le site qui accueille le tournoi floridien, sur l'île de Key Biscayne, n'est plus totalement plein mais encore largement garni pour accueillir une affiche très prometteuse. Tout le monde veut voir à l'œuvre le nouveau roi du tennis mondial, Roger Federer, 22 ans, consacré n° 1 il y a quelques semaines après son sacre à l'Open d'Australie. Mais aussi ce petit phénomène dont on parle beaucoup, Rafael Nadal, qui a disputé en début d'année sa première finale sur le grand circuit, à Auckland, et qui vient encore d'impressionner en remportant comme un grand un cinquième match décisif de Coupe Davis face au Tchèque Radek Stepanek. À 17 ans, il est

34e mondial. Et ne craint visiblement rien ni personne, même s'il a l'air de respecter tout le monde.

Ce Federer-là, qui a remporté 28 de ses 29 derniers matchs, a pourtant de quoi faire peur. Mais Nadal, épaulé par le coach de son mentor Carlos Moya (Jofre Porta) – Toni Nadal, son oncle et entraîneur principal, ayant fait l'impasse sur le déplacement américain –, aborde l'événement avec simplicité et sans complexe. Il vient de battre Federer en double lors du tournoi précédent, à Indian Wells. Anecdotique, d'accord. Mais peut-être cela lui a-t-il permis de briser le mythe. Et sans doute aussi de prendre quelques indications tactiques. « *Je savais que je pouvais prendre 6-1, 6-1 mais j'étais quand même impatient à l'idée d'affronter le n° 1 mondial*, expliquera-t-il ensuite lors d'une conférence où son niveau d'anglais s'avérera si approximatif qu'il devra se faire traduire les questions (et les réponses). *Je suis arrivé sur le court avec une attitude positive. Par ailleurs, j'avais une idée précise de ce que je devais faire : me montrer très agressif, dicter l'échange pour ne surtout pas lui permettre d'installer son jeu.* »

Entre dire et faire, il y a souvent un gouffre. Mais là, dès les premiers échanges, Rafa, vêtu d'un short blanc et d'un débardeur rouge, met ses actes en adéquation avec ses paroles. Il tient le choc et n'hésite pas, dès qu'il le peut, à bousculer son adversaire. Ce dernier, tee-shirt blanc, short noir et coupe catogan, n'est pas dans une forme optimale. Il a été victime d'un virus intestinal doublé d'une insolation après son sacre à Indian Wells, et son entrée en matière face au Russe Nikolay Davydenko a été poussive (victoire 7-5 au troisième set). Alors que Nadal, lui, a bénéficié de l'abandon d'un Goran Ivanisevic en pré-retraite.

Le premier point du premier Fedal de l'histoire est remporté par Rafael Nadal sur une banale faute de coup droit de Roger Federer. Pas de quoi se pâmer... Après quatre premiers jeux équilibrés, l'Espagnol réussit le premier break du match à 2-2, bénéficiant des largesses de son adversaire qui commet quatre grosses erreurs. S'il montre de son côté quelques approximations côté revers, Nadal, en revanche, sert étonnamment bien. Il faut attendre son troisième jeu de service, à 3-2 (break), 40/15 en sa faveur, pour le voir rater enfin une première balle ! Il terminera le match avec un ratio impressionnant de 81 % de premières balles. Et aucune balle de break concédée. « *Je n'ai jamais servi aussi bien de toute ma vie,* dira-t-il encore. *J'ai beaucoup travaillé sur ce coup. J'ai un peu changé mon geste mais surtout, j'essaie de le frapper beaucoup plus fort qu'avant.* »

Federer, en tout cas, a des difficultés à relancer ce service de gaucher. Mais son principal problème est ailleurs. Le teint pâlot, les jambes molles, le Suisse ne paraît jamais en capacité de rentrer vraiment dans son match, comme il le reconnaîtra d'ailleurs par la suite. Ses négligences sur certains appuis, sur certains coups en apparence faciles, contrastent avec la détermination de son adversaire qui réussit des prodiges en passing et ne tarde pas à lâcher quelques « *Vamos* » tonitruants. Federer s'attendait-il à une telle férocité ? Après avoir échappé de peu au double break à 4-2, 15/40, il n'y coupe pas deux jeux plus tard. Il perd le premier set après un nouveau jeu de service catastrophique lors duquel il passe en revue un catalogue de fautes (dont une double) bien inhabituelles chez lui. On joue depuis 33 minutes et un premier frisson traverse les gradins.

Au début du deuxième set, le n° 1 mondial tente d'en remettre un peu plus. Ses attaques de coup droit se font plus précises, plus tranchantes. Mais il retombe dans ses travers lorsqu'il se fait breaker à 3-2, après avoir mené 40/0. Cette fois encore, en faisant montre d'une négligence coupable. Il en est puni à 40/A par un splendide passing de coup droit de son jeune rival, dont il n'avait peut-être pas encore totalement assimilé la prodigieuse vitesse de déplacement, ni la capacité à transformer en coups gagnants des balles *a priori* impossibles.

Ce Nadal, décidément, a du répondant. On connaissait déjà ses aptitudes sur terre battue, surface sur laquelle il avait épinglé, l'année précédente, ses deux premiers top 10 (ses compatriotes Albert Costa à Monte-Carlo et Carlos Moya à

Hambourg). Cette même année 2003, on l'avait vu aussi devenir le plus jeune joueur à atteindre le 3e tour de Wimbledon depuis Boris Becker en 1984. Sur dur toutefois, quelques doutes subsistaient. Ils semblent désormais balayés...

Car à aucun moment Rafa ne flanche, pas même à l'approche de la ligne d'arrivée. Au contraire : le Majorquin ne fait que s'enhardir au fil du match, prenant le jeu à son compte et montrant qu'il est bien plus qu'un inlassable renvoyeur du fond de court à l'espagnole. Les deux derniers points sont symboliques de la stratégie très offensive qu'il avait décidé d'adopter ce jour-là : une volée de coup droit gagnante pour se procurer une première balle de match, puis une autre volée haute de coup droit rageusement déposée dans le court vide pour la transformer. Au total, Rafa est monté quatorze fois au filet : il aura marqué le point treize fois, pour une victoire expéditive en 1 h 10.

À précisément 17 ans, 9 mois et 25 jours, Rafael Nadal devient le plus jeune joueur à battre un n° 1 mondial en exercice depuis Michael Chang à Roland-Garros en 1989 (face à Ivan Lendl). S'il a conscience d'avoir probablement disputé le meilleur match de sa jeune carrière, il conserve une certaine mesure – et modestie – en déclarant que son exploit est lié en grande partie à la contre-performance de son adversaire. C'est une évidence. Et le Suisse apprécie l'attitude de ce jeune homme conquérant mais pas outrecuidant et au regard encore admiratif. « *Je pense qu'il est un peu timide. Il me regarde comme un joueur incroyable* », raconte-t-il avant de se montrer dithyrambique à son égard : « *Évidemment, j'avais beaucoup entendu parler de lui. Mais là, j'ai été impressionné par ce que j'ai vu.* » La sentence du maître ressemble à un avertissement pour le tennis mondial…

Vainqueur : Nadal
Score : 6-3, 6-3
Durée : 1 h 10
Le point : Le passing de coup droit en bout de course et en extension de Nadal à 3-2, 40/A dans le deuxième set.
Le chiffre : 0, soit le nombre de balle de break concédée par Nadal. C'est la seule fois dans un Fedal qu'il a réussi ce score parfait.
À noter : C'est le Fedal disputé au stade le plus précoce d'un tournoi (hors phase de poules du Masters).
Bilan : Nadal 1 – Federer 0

N° 2

DIMANCHE 3 AVRIL 2005
MIAMI

Finale

À son commencement, l'histoire a donc décidé de bégayer un peu. Un an après leur premier duel, c'est encore à Miami que Roger Federer et Rafael Nadal s'affrontent pour la deuxième fois. Le contexte est un peu différent, cela dit. Car cette fois, il s'agit d'une finale. Et entre-temps, le décor a lui aussi un peu changé. Enfin, pas tant que ça du côté de Roger qui, à 23 ans, est plus que jamais n° 1 mondial, quasi intouchable même s'il s'est fait surprendre en demi-finale de l'Open d'Australie par le Russe Marat Safin. Un simple accident de parcours, après lequel Federer a vite rétabli l'ordre en enchaînant trois titres, dont celui d'Indian Wells. Un peu poussif à son arrivée en Floride, il a ensuite retrouvé son rythme de croisière pour surclasser Tim Henman puis Andre Agassi. La routine…

Quant à Nadal, s'il n'est pas beaucoup mieux classé qu'un an plus tôt (31e), c'est surtout parce qu'il a dû s'absenter trois mois la saison précédente en raison d'une fracture de fatigue au pied gauche. Mais à son retour, il a beaucoup grandi, surtout sur terre battue. Après avoir remporté son premier titre à Sopot, il s'est définitivement intronisé dans la cour des grands à la fin de cette même saison 2004 en devenant le plus jeune joueur (18 ans et 6 mois) à remporter un point pour une nation victorieuse en finale de Coupe Davis, face à l'Américain Andy Roddick.

Quatre mois plus tard, bien mis en confiance lui aussi par une série de victoires – il vient de remporter les tournois de Costa do Sauipe et Acapulco –, il devient également le plus jeune joueur à se hisser en finale à Miami, sa première en Masters Series. Certes en profitant d'une hécatombe dans sa partie de tableau, avec les échecs précoces du tenant du titre Andy Roddick, blessé, et de Marat Safin, le récent vainqueur de l'Open d'Australie. Mais il a quand même battu des clients comme Ivan Ljubicic et David Ferrer. Alors, dur ou pas dur, il est à sa place.

Et il le prouve dès le début du match, reprenant comme si de rien n'était le fil de sa domination exercée un an plus tôt sur ce même court. Hormis l'apparition du pantacourt dans des conditions estivales, et la présence de Toni Nadal en tribunes, rien n'a changé, sinon en mieux du côté de Rafa qui fait l'étalage de gros progrès côté revers. Et cette fois encore, Federer l'aide bien. Lent, emprunté, un peu énervé aussi par le bourdonnement d'un avion publicitaire au-dessus de Crandon Park, le Suisse, disons-le, n'en met pas une dans le court. Il se retrouve mené d'un set et d'un break en ayant déjà commis plus de 20 fautes directes.

Et puis d'un coup, la lumière revient dans le cerveau du n° 1 mondial, qui débreake en alignant quatre coups gagnants et enchaîne pour se détacher 4-1, puis 5-2. Le voilà soudain libéré, dans sa tête comme dans ses mouvements puisqu'on l'a vu aussi arracher entre-temps les strappings qui lui bandaient les deux pieds. Strappings dont il dira, sans trop s'étendre, qu'ils étaient là par simple précaution. Intrigant ? Peut-être. Mais la seule question qu'on peut se poser à ce moment-là, c'est surtout : comment Federer peut-il ne pas conclure ce deuxième set ?

À 5-2, il mène en effet 30/0 sur le service adverse, commettant à 40/A un énorme raté sur un smash enfantin (la faute au soleil ?) ; il mène aussi 30/0 à 5-3, cette fois sur son service ; mieux (ou pire), il mène 15/40 à 5-4, s'offrant alors deux balles de set. Il rate une volée « facile » sur la première et Nadal sauve la seconde d'une accélération de coup droit. Le Majorquin recolle au score puis s'en va conclure ce deuxième set au jeu décisif, prenant ainsi une avance conséquente.

Federer se réfugie aux vestiaires pour retrouver ses esprits. Mais il a pris un gros coup derrière le catogan. Perdu dans ses schémas de jeu, en difficulté au service notamment sur sa deuxième balle avec la bagatelle de neuf doubles fautes en tout (le soleil encore ?), le Suisse paraît presque résigné lorsque son adversaire se détache 4-1 au troisième set. Il est même agacé lorsqu'un *« Roger, wake up ! »* descend à ce moment-là des tribunes, alors qu'il s'apprête à servir. Et pourtant, ce cri intempestif fait office de premier électrochoc. Car juste derrière, le n° 1 mondial frappe un superbe passing de revers croisé, suivi d'une volée de coup droit gagnante, puis revient à 4-3 en effaçant son break de retard.

Le véritable tournant du match se produit à ce moment précis. Mené 0/30 sur son service, le n° 1 mondial se retrouve à nouveau en gros danger. Il tente alors une accélération de coup droit qui paraît dehors, ce que confirme la modélisation informatique de l'image à disposition des téléspectateurs – mais pas des joueurs, ni de l'arbitre. Rafael n'a que ses yeux pour pleurer. À 0/40, ce sont presque trois balles de match qui se seraient offertes à lui. Au lieu de quoi, cela fait 15/30. Et après cette erreur d'arbitrage, Federer sauve sa peau.

Cela n'empêche pas le Suisse, après avoir manqué une balle de break à 4-4, de balancer furieusement sa raquette, chose devenue rare chez lui. Mais c'est aussi le signe qu'il est de retour dans le match. « *Quelque part, ce geste m'a réveillé* », confiera-t-il ensuite. Il réveille aussi le public qui, plutôt neutre jusque-là, lui manifeste son soutien, non par hostilité envers Nadal mais parce qu'il a envie de voir ce duel se prolonger. Et il va être servi. Pourtant, l'Espagnol passe à deux points du match à 5-4, puis à nouveau dans le jeu décisif où il se détache 5 points à 3. Mais là encore, Federer s'en sort avec panache, montant à la volée puis assénant un coup droit pleine ligne pour revenir à 5-5. Deux points plus tard, le Suisse boucle ce jeu décisif et exulte. Il est toujours en vie.

Le match, à partir de là, va basculer complètement dans le camp du Suisse. Cette fois, c'est Rafael Nadal qui accuse le coup, mentalement et surtout physiquement. Le jeune Espagnol n'a pas encore le coffre pour tenir ce niveau sur dur pendant cinq sets, face à un tel adversaire. Federer, ressuscité, survole les deux dernières manches, dans lesquelles il breake chaque fois dès le troisième jeu, avant de gérer facilement son avance (et même la faire fructifier) sans jamais avoir à écarter la moindre balle de break. En tout et pour tout, il ne perd que douze points sur son service dans ces deux dernières manches, six dans chacune. Propre.

Federer a eu chaud, mais il vient d'aligner une 48ᵉ victoire sur ses 49 derniers matchs. Ainsi qu'une 18e finale victorieuse consécutive, formidable série (en cours) qui lui permet ici de boucler son premier « Sunshine doublé », c'est-à-dire l'enchaînement Indian Wells/Miami. Dans sa célébration rageuse, on lit du soulagement autant que de la joie. « *Je me considère chanceux de m'en être sorti,* commentera-t-il. *J'ai mis un set et demi à m'habituer à son jeu et à me relâcher. Remonter deux sets de retard, ça ne m'est pas arrivé souvent* [c'était la troisième fois de sa carrière]. *Pour moi, c'est une énorme victoire car je sais à quel point Rafa sera fort. Je n'ose même pas imaginer l'avenir de ce gars...* »

Beaucoup de respect et de complicité, déjà, dans les paroles comme dans les gestes entre les deux champions que l'on voit s'asseoir côte à côte lors de la remise des prix, pendant le discours des officiels. Comme deux vieux copains...

Vainqueur : Federer
Score : 2-6, 6-7(4), 7-6(5), 6-3, 6-1
Durée : 3 h 43
Le point : L'enchaînement volée amortie en extension / volée de coup droit réflexe de Federer à 3-4, 30/A dans le troisième set.
Le chiffre : 74, soit le nombre de fautes directes commises par Federer. Son record lors d'une victoire contre Nadal.
À noter : C'est le seul Fedal où l'un des deux a remonté deux sets de retard avant de s'imposer.
Bilan : Nadal 1 – Federer 1

N° 3

VENDREDI 3 JUIN 2005
ROLAND-GARROS

Demi-finale

Il n'aura pas fallu beaucoup de temps pour que la rivalité entre Federer et Nadal devienne un classique. Deux mois après leur déjà culte finale de Miami, les deux hommes se retrouvent donc en demi-finale de Roland-Garros pour leur premier affrontement en Grand Chelem, accessoirement aussi le premier sur terre battue. Et cette fois, il n'est plus question d'un duel inter-générationnel entre le maître et son padawan. Non, désormais, le Suisse et l'Espagnol se regardent les yeux dans les yeux. L'ATP, qui a flairé le bon filon, a même organisé une séance photo avec les deux joueurs la veille de cette demi-finale que tout le monde considère comme une finale avant la lettre, entre le n° 1 mondial et celui qui s'est imposé, en l'espace de quelques semaines, comme le n° 1 sur terre battue. Certains parlent même de match de l'année.

Après Miami, Nadal a explosé pour de bon sur sa surface fétiche. Passé une défaite en quart à Valence contre Igor Andreev, il a enchaîné les titres à Monte-Carlo, Barcelone et Rome. Le voilà 5e mondial au moment d'aborder son tout premier Roland-Garros, dont il a manqué les deux éditions précédentes pour cause de blessures. À Paris, il a poursuivi sans ciller sa marche triomphale en survolant notamment le clash de la jeunesse face à Richard Gasquet (6-4, 6-3, 6-2) et en n'abandonnant qu'un seul set sur sa route vers le dernier carré, face à un autre Français, Sébastien Grosjean, en huitième de finale (6-4, 3-6, 6-0, 6-3).

Mais il n'a pas encore passé le test (ultime ?) sur ocre face à Federer, qui a allégé sa programmation printanière et qui a remporté le seul Masters 1 000 où son rival était absent : celui de Hambourg, où il a pris sa revanche en finale contre Richard Gasquet, qui l'avait terrassé en quart à Monte-Carlo. Ensuite, il a royalement gagné le droit de disputer sa première demi-finale à Roland-Garros – le seul Grand Chelem qui lui résiste encore –, puisqu'il n'a pas lâché le moindre set, y compris face à de gros poissons comme Fernando Gonzalez (7-6(6), 7-5, 6-2) au 3e tour ou Carlos Moya (6-1, 6-4, 6-3) en huitième. Pas plus qu'il n'en avait perdu deux semaines plus tôt à Hambourg. Soit 28 sets alignés de rang, sur sa surface supposée la moins bonne…

Voilà qui en impose, mais il en faut plus pour impressionner Nadal. Le jeune Espagnol, qui fête le jour même ses 19 ans, ne tarde pas à faire voler en éclats cette fragile statistique. Dès le tout premier point, il donne le *la* avec un somptueux passing de coup droit « banana » (son désormais fameux coup droit à effet latéral donnant à la balle une trajectoire courbée), suivi d'une autre de ses spécialités : le break d'entrée. Manifestement, il a mieux géré que Federer un début de match tardif (vers 18 h 30), en raison d'une première demi-finale messieurs (Puerta-Davydenko) très longue et elle-même retardée d'une bonne heure et demie par la pluie.

Le Suisse, surtout, ne semble pas trop savoir par quel bout prendre ce diable de rival au look de flibustier et à la chevelure de jais. Sur les conseils de son coach consultant Tony Roche, l'ancienne gloire du tennis australien, présent en tribunes, il se veut très offensif – 59 montées au filet en tout – mais l'ensemble manque un peu de fil conducteur. À l'image d'un premier set décousu, qui s'achève par cinq breaks consécutifs et que Nadal finit par remporter sur le service adverse sur le score de 6-3.

Le deuxième set débute par une interruption pluvieuse brève mais suffisante, semble-t-il, pour permettre à Federer de se remettre les idées en place. Cette fois, c'est lui qui prend le large avec un double break rapide (5-1) qui n'est pas du luxe pour contenir la furia adverse et conclure finalement 6-4. Un set partout. C'est à partir de là que l'on entre véritablement dans le vif du sujet. Jusqu'à présent, les deux joueurs n'ont pas bien joué en même temps. Ce sera le cas lors de ce troisième set de toute beauté.

Federer met la pression d'entrée, réussissant l'un des plus beaux points du match dans le premier jeu de ce troisième set, avec ce tonitruant passing de revers court croisé lâché presque en désespoir de cause au bout d'un échange de 14 coups de raquette. Roger en sourit. Rafa ne s'en formalise pas. Le Majorquin relève le gant avec beaucoup de cran, d'audace et d'intelligence tactique aussi, à l'instar de ce break qu'il va chercher à la volée pour mener 4-2. Federer revient aussitôt.

Le match, à ce moment-là, est splendide. Les deux joueurs se rendent coup pour coup, chacun dans sa filière. L'occasion pour Nadal de prouver, si besoin était encore, sa capacité extraordinaire à jouer son meilleur tennis dans les moments les plus tendus, même pour sa première finale en Grand Chelem. À 5-4, il va chercher un nouveau break, synonyme de set, en contrant un smash à l'échange avant de conclure le point d'un coup droit gagnant joué avant le rebond. Une balle de set magnifique, ponctuée d'un saut de cabri et d'un coup de poing dans l'air.

Nadal montre ensuite qu'il est aussi un joueur très fair-play puisqu'il n'hésite pas à rendre un point sur une balle de 3-1 pour son adversaire, qui a rapidement breaké dans le quatrième set. Il semble alors que l'on soit parti pour un cinquième set et vu l'heure avancée, celui-ci se jouera assurément le lendemain, car l'obscurité se fait galopante, ce qui commence à perturber Federer. Lequel, en plus, manque deux balles de 4-2, dont une sur une double faute après qu'un spectateur a crié entre ses deux balles de service. Furibard, le Suisse, débreaké, se lance dans une discussion avec l'arbitre français de la rencontre, Cédric Mourier, lors du changement de côté à 4-3. « *Je commençais à voir difficilement la balle et je savais que je ne pourrais pas gagner ce match le jour même,* expliquera-t-il plus tard. *En fait, c'est comme si je devais battre Nadal deux fois : gagner ce quatrième set, puis revenir le lendemain pour gagner ce cinquième. Quelque part, je n'avais pas suffisamment confiance en ma capacité à le faire.* »

Aveu étonnant de la part d'un Federer qui marque pourtant un point fantastique à la volée à la reprise à 4-3, avant de sombrer. On le voit hurler sa rage à deux reprises et perdre son service dans la foulée, pour la neuvième fois du match, un triste record pour lui. En face, Nadal ne se pose pas de questions existentielles. L'Espagnol fonce vers la finale en inscrivant les cinq derniers jeux. Sitôt la balle de match remportée, à 21 h 15, il s'allonge de tout son long, dans une attitude qui deviendra caractéristique. En tribunes, ses deux oncles, Toni, son entraîneur, et Miguel Angel, le célèbre ancien footballeur, exultent.

La suite, on la connaît. Deux jours plus tard, Rafael Nadal, au prix d'une finale superbe contre l'Argentin Mariano Puerta (6-7(6), 6-3, 6-1, 7-5), va devenir le premier joueur à remporter Roland-Garros dès sa première participation depuis Mats Wilander en 1982. Un Roland-Garros lors duquel il aura gagné deux finales pour le prix d'une.

Vainqueur : Nadal
Score : 6-3, 4-6, 6-4, 6-3
Durée : 2 h 47
Le point : La volée gagnante de Federer, pilonné à quatre reprises au filet avant de s'en sortir miraculeusement, à 4-3, 0/0 dans le quatrième set.
Le chiffre : 15, soit le nombre total de breaks réussis (9 pour Nadal, 6 pour Federer). Un record dans un Fedal.
À noter : C'est leur premier match à Roland-Garros, le Grand Chelem où ils se sont le plus souvent affrontés (6).
Bilan : Nadal 2 – Federer 1

N° 4

Samedi 4 mars 2006
Dubaï

Finale

De l'eau a coulé sous les ponts depuis le dernier Fedal, mais Roger Federer continue de voguer tranquillement sur un océan de victoires. Depuis sa défaite face à Nadal à Roland-Garros en 2005, son bilan suffit à résumer son écrasante domination : 51 victoires pour une seule défaite, en finale du Masters face à David Nalbandian. Au passage, il a remporté ses sixième et septième tournois du Grand Chelem à l'US Open puis à l'Open d'Australie. *Business as usual,* il est invaincu depuis le début de l'année 2006 et le voici en finale à Dubaï, un tournoi qu'il a déjà remporté à trois reprises.

Ce match, au contraire, revêt une importance toute particulière pour le jeune Rafael Nadal qui affronte Federer pour la première fois dans la peau d'un vainqueur de Grand Chelem. Après une saison 2005 flamboyante (11 titres !) mais éprouvante, il a vécu une fin d'année cauchemardesque.

À l'automne, une inflammation chronique au pied gauche est venue alerter le corps médical. À première vue, les médecins étaient franchement pessimistes. Cette blessure, première manifestation du syndrome de Muller-Weiss dont il est en réalité atteint, est allée jusqu'à remettre en cause la poursuite de sa vie tennistique au plus haut niveau, un doute insupportable pour ce jeune homme encore à l'aube d'une carrière mirifique. En désespoir de cause, Nadal a même envisagé brièvement une reconversion dans le golf. Mais les greens attendront. L'espoir est revenu grâce à un certain docteur Maceira, qui l'a envoyé à Portland se faire fabriquer de nouvelles chaussures sur mesure, la seule solution pour envisager de poursuivre le tennis, ça ne s'invente pas.

Nadal a donc seulement pu débuter sa saison fin février à Marseille, où il s'est incliné en demi-finale contre Arnaud Clément la semaine précédente. À Dubaï, son parcours jusqu'en finale – un seul set perdu au 1er tour face à Paul-Henri Mathieu – a été très rassurant. S'il doit prendre des précautions, l'Espagnol a montré qu'il n'avait pas perdu ses formidables qualités de déplacement. Mais après toutes ces péripéties, est-il encore capable de battre le meilleur joueur du monde ? L'heure de vérité a sonné.

Fidèles à leur réputation, les Dubaïotes ont mis les petits plats dans les grands pour cette finale de rêve en night session entre le n° 1 et le n° 2 mondial. C'est Björn Borg en personne qui se charge du tirage au sort tandis que le sémillant et chevelu Mohamed Lahyani prend place sur la chaise d'arbitre. Grosse cerise sur le gâteau, un des 5 000 spectateurs sera tiré au sort à la fin du match et remportera un million de dollars, une bonne raison de plus pour assister à ce premier Fedal de l'année 2006. Bref, tout le monde est très content d'être là et il règne un joyeux bazar dans des tribunes pleines à ras bord.

Federer, tout de bleu vêtu, est arrivé en pilote automatique jusqu'en finale. Le leader incontesté du tennis mondial a une telle avance sur le reste du peloton qu'il peut se permettre d'en garder sous le pied sans concéder un seul set. Mais face à Nadal, il sait que tout péché d'orgueil peut être sévèrement puni. Alors, il démarre cette finale pied au plancher : deux aces et deux volées gagnantes histoire de marquer son territoire dès le premier jeu, puis un break confirmé dans la foulée. Coups droits au laser, volées ciselées et aces en pagaille, Super Roger exhibe toute sa panoplie et impose son rythme infernal.

Ballotté dans tous les sens, Nadal tente de s'accrocher mais en vain. Après seulement 28 minutes, Federer parachève son chef-d'œuvre de premier set sur un nouveau break : 6-2. Impuissant, Nadal n'aura remporté que deux petits points sur le service adverse. Mais quand la plupart de ses collègues du circuit auraient déjà démissionné, Nadal, lui, y croit encore. Il sait que Federer va redevenir humain, alors il attend son heure, tel un fauve tapi dans l'ombre.

Quand Nadal remonte ses chaussettes à l'entame du deuxième set, il a tiré les leçons de la première manche. Il varie davantage ses zones au service et n'hésite pas à monter au filet dès que l'occasion se présente. Peu à peu, il prend ses marques en retour. Rien de très impressionnant, mais les débats s'équilibrent. À 4-3 pour Federer, le niveau monte encore d'un cran, avec deux points superbes, célébrés comme il se doit par un public ravi de voir la démonstration se muer en combat. Le jeu suivant, les efforts de Nadal sont récompensés. Formidable tacticien, il a patiemment tissé sa toile et Federer vient s'y engluer. Deux montées au filet forcées sont immédiatement sanctionnées par un Nadal impitoyable. Elles lui permettent de faire le break au meilleur moment puis d'égaliser à une manche partout.

Sonné, Federer perd son service dès le début du troisième set. Quatrième puis cinquième jeu consécutif pour Nadal qui mène 2-0 alors que ses nombreux supporters entonnent un « *Viva España* » de circonstance. Le visage toujours impassible, Federer semble se laisser glisser doucement vers la défaite. Il n'en est rien. Soudainement, il retrouve sa vista du premier set et les coups droits gagnants défilent à nouveau. Il refait son retard puis offre une démonstration époustouflante à 3-3, un jeu à voir et à revoir pour tous les fans de Federer.

Le dernier tournant du match intervient à 4-3. En bonne posture, Federer obtient un coup droit penalty pour mener 0/30, mais celui-ci lui échappe d'un bon mètre. Le genre d'erreurs inexplicables dont le maître a aussi parfois le secret et qui ont le don de rendre fous ses inconditionnels. La rançon du génie, peut-être… Si cette faute n'a rien de rédhibitoire, elle va faire basculer Federer vers la défaite. À partir de là, il est trahi par son coup droit, qui déraille dans les grandes largeurs.

De plus en plus agressif et toujours aussi réaliste, Nadal profite à merveille de ce coup de mou inattendu. Il fait le break à 4-4 dans une ambiance de Coupe Davis puis conclut sur un jeu blanc sa première victoire dans une finale face à Federer après 1 h 53 de jeu. La célébration de l'Espagnol, couché sur le court puis ses larmes quelques minutes plus tard disent toute l'importance de cette victoire, un grand pas vers la résilience après des mois de doute.

Cruelle défaite en revanche pour Federer qui aura remporté sept points de plus que son adversaire. Fait-il un complexe face à son jeune rival ? En tout cas, Nadal a montré sa capacité unique à le faire déjouer. Son ascendant psychologique est renforcé. Pendant que l'émir descend sur le court pour la remise des prix dans une ambiance soudainement plus royale, les deux finalistes se sont réunis pour discuter. Quelques minutes plus tard, Nadal procède au fameux tirage au sort et appelle l'heureux détenteur du billet n° 4176, l'autre grand gagnant de cette soirée.

Vainqueur : Nadal
Score : 2-6, 6-4, 6-4
Durée : 1 h 53
Le point : Le passing de revers court croisé de Nadal sur un échange à 23 coups, à 1/0, 0/0 dans le troisième set.
Le chiffre : 78, soit le nombre de points remportés par Federer. Sept de plus que Nadal.
À noter : C'est le premier Fedal où Federer remporte le premier set.
Bilan : Nadal 3 – Federer 1

N° 5

DIMANCHE 23 AVRIL 2006
MONTE-CARLO

Finale

La grande bleue et l'azur éclatant d'un ciel sans nuage en toile de fond, Roger Federer et Rafael Nadal ont choisi un cadre idyllique pour leur nouveau rendez-vous. Nous sommes à Monte-Carlo, pour la finale du premier grand tournoi de l'année sur terre battue. Aux tables nappées de blanc de la terrasse du très chic Monte-Carlo Country Club, une question triviale anime les déjeuners : Federer peut-il battre Nadal sur terre battue ? À quelques semaines de Roland-Garros, il y a débat. « *Nadal reste sur deux victoires face à Federer. En plus, il est imprenable sur terre battue, il n'a plus perdu depuis plus d'un an sur cette surface !* » arguent à juste titre les « Nadaliens », sûrs de leur force. « *Oui, mais Roger est en pleine bourre, il vient de gagner Indian Wells et Miami. Et franchement, il n'aurait jamais dû perdre contre Nadal à Dubaï...* » répondent des « Federistes » pleins d'espoir.

En effet, Federer arrive dans de bonnes dispositions pour sa première finale à Monte-Carlo. Il a montré de belles choses pour son premier tournoi de l'année sur terre, concédant seulement un set au 1er tour, pour son premier affrontement face à Novak Djokovic, 18 ans. La suite a parfois été impressionnante, à l'image de la victoire la plus rapide de sa carrière sur terre battue : 6-1, 6-0 en 46 minutes face au pauvre Alberto Martin, pourtant spécialiste de cette surface. S'il aborde ce printemps avec moins de confiance que l'an passé après un début d'année perturbé par une inquiétante blessure au pied, Nadal a vite retrouvé ses habitudes sur sa terre battue chérie, dominant entre autres Guillermo Coria et Gaston Gaudio, le seul adversaire qui lui a pris un set, en demi-finale.

Cette finale, qui va se disputer pour la dernière fois de l'histoire du tournoi au meilleur des cinq sets, a débuté en conférence de presse, chacun tentant plus ou moins subtilement de refiler à l'autre l'étiquette du favori. « *Mon objectif était d'atteindre les quarts ici* », a lancé Federer sans que personne y croie vraiment. « *Ce sera un bon tournoi si je perds en finale* », lui a répondu Nadal, pas plus convaincant. Le match débute avec quelques minutes de retard car Nadal a dû se faire poser un pansement au doigt pendant l'échauffement. Federer, tout de blanc vêtu, est déjà prêt pour Wimbledon. Nadal l'est un peu moins : il est entré dans sa période jaune fluo. Son débardeur laisse admirer un biceps gauche de plus en plus saillant.

Federer est affreusement tendu dans ce début de match. Il multiplie les fautes directes, notamment en revers. En bon tortionnaire, Nadal appuie très fort là où ça fait mal, à grand renfort de coups droits croisés. Très vite, il se détache 4-0. Assis dans la tribune latérale, Toni Nadal ne se gêne pas pour prodiguer ses premiers conseils à son neveu. Il faut dire qu'il est idéalement situé, dans l'angle mort de l'arbitre de chaise, qui ne risque pas de le prendre en flagrant délit de coaching.

À l'autre bout de la tribune, Mirka Vavrinec, la fiancée de Federer, fait bouger ses lunettes de soleil en mâchant nerveusement son chewing-gum. Le n° 1 mondial essaie de ne rien laisser paraître, mais son regard noir et sa mine, plus renfrognée que jamais, trahissent sa mauvaise humeur. Pendant ce temps-là, la confiance de Nadal grimpe en flèche. D'un superbe passing court croisé de revers, il obtient vite ses premières balles de set à 5-1, avant de finir le boulot sur son service : 6-2 pour Nadal, 24 fautes directes pour Federer.

Comme le premier set, le deuxième démarre avec l'intervention du kiné. Cette fois, c'est Federer qui se fait réajuster un strapping au pied qu'il a l'habitude de porter depuis une entorse de la cheville à l'automne 2005. Cette pause (tactique ?) est aussi l'occasion pour lui de reprendre un peu ses esprits. Le Suisse débute mieux ce deuxième set avec quelques montées au filet bien senties. Mais il ne parvient toujours pas à stopper l'hémorragie en revers. Symbole de son élégance, ce revers à une main se révèle aussi être son tendon d'Achille face à Nadal, surtout sur terre battue. L'Espagnol a découvert une faille étroite mais profonde dans le jeu du Suisse.

À 3-3, Nadal sort le grand jeu. Un décalage de coup droit surpuissant de Federer déclenche un murmure d'admiration. Le public frôle le torticolis quand l'Espagnol, en position accroupie, renvoie ce missile d'un contre gagnant époustouflant. Break blanc dans la foulée, Nadal prend les commandes de ce deuxième set. Mais une fois n'est pas coutume, il va donner à son rival l'occasion de se relancer. Au moment de conclure la manche sur son service, le bras de l'Espagnol se met à trembler. Il manque une balle de set à 5-4 sur une faute en coup droit. Federer, non sans mal, profite de cette baisse de régime pour égaliser. Revigoré par ce retournement de situation inespéré, il saisit sa chance au jeu décisif et égalise à un set partout.

Nadal a perdu son rythme et Federer se met à lui servir une petite cuisine bien épicée, à base d'amorties et de montées au filet. L'Espagnol la digère mal, il concède son service dès le premier jeu du troisième set. Avec un sens du timing certain, il demande alors un temps mort médical pour changer ses pansements aux doigts. Nouvelle intervention du kiné français de l'ATP, Stéphane Vivier, le troisième acteur de cette finale. Tous les coups sont permis. Ce match est une guerre psychologique et Nadal vient de remporter une bataille. Après cette interruption de plus de cinq minutes, l'élan de Federer est brisé. Complètement déboussolé, il cède son engagement sur une volée à ne pas montrer dans les écoles de tennis.

À 3-3, l'intensité et le niveau de cette finale monte d'un cran, le match est prêt à basculer. Federer a une occasion de break, mais une 28e faute directe en revers sort Nadal de ce mauvais pas. Le Suisse finit par payer son manque de réalisme criant. Au jeu suivant, Nadal le punit d'un break célébré d'un « *Vamos* » claironnant. Cette fois-ci, il ne tremble pas pour conclure et mener deux sets à un.

Federer a du mal à avaler la perte de la troisième manche et le début de la quatrième ne va pas arranger son humeur. D'abord, il se fait breaker d'entrée alors qu'il menait 40/0. Ensuite, il concède une nouvelle fois son service et un sixième jeu consécutif, après une balle très litigieuse en sa défaveur. Face à un tel acharnement du sort, même Federer ne peut contenir sa colère. De rage, il expédie une balle dans la Méditerranée. Perdu pour perdu, le Suisse se met à lâcher tous ses coups, avec un résultat spectaculaire. Alors que l'ombre tombe peu à peu sur le court, Roger Federer entame une improbable remontée, devant un public qui s'encanaille enfin. Il revient à 4-3 sur une délicieuse volée de coup droit court croisé, puis reprend son dernier break de retard pour égaliser à 4-4. À 6-5 en sa faveur, Federer a une occasion en or d'obtenir une balle de set. Il la vendange d'un coup droit dans la bâche.

L'histoire des derniers Fedal se répète : Federer, le roi du bal des occasions manquées, voit Nadal l'opportuniste lui donner une leçon de réalisme. Au jeu décisif, l'Espagnol est encore mené 4-2 mais son courage et son sang-froid font la différence. Après 3 h 49 d'un drôle de match, Nadal bondit de joie, les bras tendus vers le ciel pour célébrer son deuxième titre à Monte-Carlo et sa troisième victoire de suite face à Federer. La poignée de main est courtoise, mais sans effusion.

Il n'y a pas eu de cadeau dans ce Fedal, et la tension entre les deux hommes est palpable. D'ailleurs, le match se poursuit en conférence de presse : « *J'ai joué plus intelligemment qu'à Roland-Garros. Je me rapproche, j'ai fait un pas de plus vers la solution pour le battre sur terre* », assure Federer. « *Aujourd'hui, c'était plus facile que notre match à Roland-Garros, non ?* » s'étonne quant à lui Nadal dans un anglais encore approximatif. La conclusion de ce cinquième Fedal est évidente : Nadal ne veut rien lâcher à son rival.

N° 5 – Monte-Carlo 2006

Vainqueur : Nadal
Score : 6-2, 6-7(2), 6-3, 7-6(5)
Durée : 3 h 50
Le point : Le passing de coup droit « accroupi » de Nadal à 3-3, 0/30 dans le deuxième set.
Le chiffre : 78, soit le nombre de fautes directes de Federer. Deux fois plus que Nadal (39).
À noter : C'est le deuxième Fedal le plus long sur terre battue.
Bilan : Nadal 4 – Federer 1

N° 6

Dimanche 14 mai 2006
Rome

Finale

En ce printemps 2006, les amateurs de tennis n'ont même plus le temps de s'ennuyer le dimanche après-midi. *« Je peux pas, j'ai Fedal »*, voici un bon prétexte pour digérer tranquillement le poulet-frites dominical devant la télé, les pieds sur la table basse. Il est 15 heures, sortez le pop-corn, les deux meilleurs joueurs du monde se retrouvent en finale du Masters Series de Rome, trois semaines seulement après leur dernier affrontement à Monte-Carlo et la victoire de Nadal en quatre sets.

Federer, 24 ans, a fait de la saison sur terre battue un de ses objectifs prioritaires car Roland-Garros est le seul tournoi majeur qui lui échappe encore. Mais pour accomplir son rêve de Grand Chelem, il sait qu'il devra enfin faire mordre la poussière à cet adolescent qui règne sur la planète terre depuis un peu plus d'un an. À Monte-Carlo,

Federer avait manqué plusieurs opportunités dans un match sous haute tension. Il a débriefé cette finale avec son entraîneur australien Tony Roche, vainqueur de Roland-Garros en 1966. *« J'estime avoir trouvé des solutions pour le battre sur terre »*, a-t-il déclaré, sûr de ses forces, sans bien sûr les dévoiler.

Le Suisse est arrivé plusieurs jours avant son entrée en lice pour prendre ses marques au Foro Italico. On l'a souvent vu s'entraîner avec des gauchers, tiens donc. Mais avant de s'offrir une nouvelle finale face à Nadal, il a dû ocrer ses chaussettes dans un tableau semé d'embûches : deux victoires en trois sets en quart face à Nicolas Almagro (6-3, 6-7(2), 7-5) puis en demie face à David Nalbandian (6-3, 3-6, 7-6(5)).

Nadal, au contraire, est arrivé en finale comme une fleur. Titré à Monte-Carlo puis à Barcelone, le forçat de la terre battue continue de bâtir sa forteresse de confiance imprenable. Après sa victoire impressionnante en demi-finale contre Gaël Monfils (6-2, 6-2), il a annoncé la couleur en conférence de presse dans un mélange d'anglais et d'espagnol. *« Est-ce que vous êtes prêt à jouer à nouveau cinq heures en finale ? »*, lui demande un journaliste, en référence à sa finale de 5 h 14 remportée l'année précédente contre Guillermo Coria. *« Il est prêt à jouer 20 heures s'il le faut pour gagner »*, traduit son attaché de presse Benito Perez-Barbadillo.

Personne n'en doute. Nadal a beau s'en défendre, la pression est bien sur ses épaules avant cette finale. Bien sûr, il a une deuxième victoire à Rome en ligne de mire. Surtout, il peut égaler le record de Guillermo Vilas et ses 53 victoires consécutives sur terre battue. Et dire qu'il n'a pas encore 20 ans…

Le soleil brille et quelque 9 000 personnes sont réunies dans les vieilles tribunes rouges entourées de pins du Campo Centrale. Une sono façon hall d'aéroport ajoute à cette ambiance rétro délicieusement italienne. Il y a du beau monde dans les tribunes : le prince Albert de Monaco et Omar Sharif, dont le tennis est l'autre grande passion (après le tiercé qui, comme chacun sait, est son dada). Sur le court, l'ambiance est plutôt au règlement de comptes, version western spaghetti. Si les deux champions ne cessent de proclamer leur respect mutuel, on a bien compris que sur le court, tous les coups étaient permis. À Monte-Carlo, le combat avait été âpre et la tension palpable.

Le match débute et Federer est remonté comme un coucou, son jeu de jambes a la précision d'une montre suisse. Son regard et son « body langage » traduisent une farouche détermination. *« Aujourd'hui, c'est pour moi »*, semble-t-il vouloir dire à son adversaire, qui ne l'entend pas de cette oreille. C'est une bataille verticale qui s'engage. Ne pas reculer, tel est le mantra de Federer. Alors, il tient sa ligne autant que possible et se jette au filet dès que l'occasion se présente. Le n° 1 mondial a corrigé le tir par rapport à la finale de Monte-Carlo. Il commet moins d'erreurs en revers et la qualité de son jeu de jambes lui permet de se décaler plus souvent en coup droit. Surtout, il s'applique à jouer long sur le revers de Nadal pour ne pas laisser le temps à l'Espagnol de prendre le jeu à son compte en coup droit. Attiré par l'odeur du sang, John McEnroe passe une tête dans les tribunes pour la fin de la première manche. À 6-5 en sa faveur, Federer remporte d'un coup droit gagnant un point de 22 échanges d'une violence rare. S'il manque deux premières balles de set quelques instants plus tard, il survole le jeu décisif qu'il empoche 7-0.

Sur une terre romaine qui consacra John Newcombe, Yannick Noah ou Pete Sampras, Roger Federer ressuscite le jeu flamboyant des conquérants de la terre battue. *« Je dois jouer agressif, il ne me laisse pas d'autre choix »*, déclarait-il après sa dernière défaite face à Nadal. Et c'est bien à la volée, un compartiment du jeu sur lequel il a bûché avec son entraîneur Tony Roche, que Federer est allé remporter ce premier set avec un bilan au filet de 15 points remportés sur 18.

Pour la première fois, Nadal se retrouve mené d'un set par son rival sur terre battue. Dans cette situation inédite, il ne cède pas à la panique. Il revient aux basiques, s'appliquant notamment à passer sa première balle pour ne pas se mettre en danger sur son service. À 5-4, il est proche de réaliser le coup parfait en obtenant une première balle de break et de set. Federer prend son courage à deux mains et la sauve au filet d'une extraordinaire volée de revers en extension, saluée comme il se doit par le public romain.

Dans les tribunes, Toni Nadal peine à canaliser sa nervosité. Cette fois-ci, les choses ne semblent pas vouloir tourner en faveur de son neveu. La tension est à son comble pour le jeu décisif du deuxième set. Pas au mieux, Nadal y va au courage, criant de plus en plus fort à chaque frappe de balle. Mené 4-2, il revient à 4-4, bien aidé par son adversaire qui montre soudainement des signes de fébrilité. À 5-5, Federer a le point en main, mais il commet une erreur grossière en coup droit, qui lui coûte le set. Federer trahi par son coup droit dans un moment-clé du match, Nadal plus réaliste dans le « money time », on commence à connaître la chanson.

La frustration est en train de gagner Federer qui concède encore son service à 2-2 au troisième set. C'est dans les tribunes qu'il trouve un exutoire à son courroux. Il se plaint d'abord d'un cri dans le public survenu au moment de sa frappe. Mais c'est un autre spectateur qui lui court sur le haricot. Il porte une casquette blanche et des lunettes de soleil noires. Il s'agit de Toni Nadal. Au milieu du set, Federer lui lance ironiquement : *« Everything's all right, Toni ? »* Les journalistes ont tendu l'oreille, ils ne manqueront pas d'interroger Federer après le match sur cette drôle de sortie :

« Est-ce que cette question était adressée à votre coach [Tony Roche] *?*

— Non, c'était pour Toni Nadal, il a fait un peu trop de coaching aujourd'hui. Je l'ai pris sur le fait et ce n'était pas la première fois. À Monte-Carlo, il l'avait aussi beaucoup fait. Mais apparemment, les arbitres ne gardent pas assez l'œil sur lui. »

Au changement de côté à 4-3, Federer jette encore un regard noir vers tonton Nadal en allant s'asseoir, puis se plaint auprès de l'arbitre. Nadal observe la scène du coin de l'œil derrière la chaise d'arbitre, puis retourne à sa concentration en replaçant ses deux bouteilles au millimètre. Le break en poche, il ferme son service à double tour (89 % de premières balles dans ce set !) et conclut 6-4 ce troisième set. Nadal repasse devant.

Le public se régale depuis trois heures. Il sent que cette finale peut entrer dans une nouvelle dimension, celle des grands matchs, après lesquels on peut raconter avec fierté : *« J'y étais. »* Alors, Rome donne de la voix pour aider Roger à égaliser à deux manches partout. Le Bâlois est encore saignant, malgré ses rudes combats des tours précédents. La machine a été parfaitement réglée par le discret Pierre Paganini, un des hommes de confiance de Federer, avec qui il entretient son physique et son français depuis son adolescence. Dans ce quatrième set, Federer retrouve son déplacement félin de la première manche. Et surtout, il passe plus de premières balles, la rampe de lancement indispensable à la mise en place de son jeu offensif : 6-2 et 34 points à 19, il n'y a pas eu photo dans cette manche. Place maintenant à l'explication finale tant attendue.

Alors que l'ombre tombe peu à peu sur la Ville éternelle, Federer et Nadal ressuscitent le frisson des jeux du cirque dans un cinquième set irrespirable. Empereur ou rien, nos deux gladiateurs comptent bien triompher ou tomber le glaive à la main. C'est Federer qui porte la première estocade, en breakant à 2-1. Il tient bon et sauve deux balles de débreak pour mener 4-1, un nouveau coup dur pour Nadal. Indestructible, le taureau de Manacor repart au combat de plus belle et finit par reprendre son break de retard, ajoutant encore à la folie d'un public ivre de tension.

À 6-5 pour Federer, après presque cinq heures de jeu, Nadal commet la première double faute du match. Elle permet à son adversaire de mener 0/30. À 15/30, le revers de Federer fait craquer le coup droit de Nadal, une situation inhabituelle qui en appelle une autre : deux balles de match pour Federer. Mirka Vavrinec ne peut retenir un sourire.

Sur la première balle de match, son coup droit lui échappe alors qu'il était en bonne position. Là, c'est Tony Roche qui sourit, mais jaune. Rebelote sur la deuxième, le coup droit prend le large. Nadal égalise à 6-6.

Nadal et Federer sont tels Verus et Priscus, les deux gladiateurs impossibles à départager que l'empereur Titus déclara ex aequo. Mais le tennis est plus cruel que les jeux du cirque, et c'est au jeu décisif du cinquième set que nos combattants vont devoir en finir. Fidèle jusqu'au bout à sa ligne de conduite, Federer continue d'attaquer (au cours du match, il est monté au total 84 fois au filet, pour 64 points marqués). Il mène 4-2, puis 5-3, mais le syndrome du coup droit qui flanche refait son apparition. Celui de Nadal, au contraire, tient bon et fait la différence. Il revient à 5-5 puis obtient à son tour une balle de match à 6-5. Après 5 h 05 d'un terrible combat, Nadal tombe à terre en vainqueur puis en larmes sur sa chaise, tandis que le public, debout, relâche toute la tension accumulée dans une clameur assourdissante. Le roi de la terre battue a vacillé, mais il reste sur son trône avec une 53e victoire consécutive sur l'ocre, le record de Guillermo Vilas est égalé.

« C'est difficile de dire pourquoi j'ai gagné. J'ai bien joué, évidemment, mais il y a un facteur qui s'appelle la chance. Si Roger avait réussi seulement un coup droit de plus, c'était fini pour moi », reconnaît

Nadal en conférence de presse. Cette défaite est terrible pour Federer. Le n° 1 mondial a suivi son plan offensif à la lettre, il a remporté cinq points de plus que Nadal, obtenu deux balles de match, mais il a défailli au moment de porter l'estocade.

En dehors du court, la bataille de Rome a aussi laissé des traces et les déclarations de Federer sur Toni n'ont pas du tout plu au clan Nadal qui riposte sans tarder. *« Il doit apprendre à se comporter en gentleman y compris quand il perd »*, envoie Nadal le lendemain depuis Majorque. La dispute est de courte durée. C'est en smoking que les deux hommes se réconcilient, seulement huit jours plus tard pour les Laureus World Sports Awards à Barcelone où Federer remporte le prix du sportif de l'année et Nadal celui de la révélation. *« Nous étions assis à la même table, chacun d'un côté de la princesse d'Espagne, et nous nous sommes rendu compte que tout cela n'était pas très important »*, racontera plus tard Federer.

Au-delà de cette petite escarmouche, la finale de Rome est un acte fondateur. En ce 14 mai 2006, la magie du Fedal est révélée.

> *Vainqueur* : Nadal
> *Score* : 6-7(0), 7-6(5), 6-4, 2-6, 7-6(5)
> *Durée* : 5 h 05
> *Le point* : La passe d'armes au filet conclue par un passing de coup droit de Federer à 4-3, 15/A au cinquième set.

Le chiffre : 2, soit le nombre de balles de match sauvées par Nadal. C'est le seul Fedal où l'un des deux joueurs l'a emporté après être passé à un point de la défaite.
À noter : C'est le plus long Fedal, le seul achevé sur un jeu décisif au set décisif.
Bilan : Nadal 5 – Federer 1

N° 7

Dimanche 11 juin 2006
Roland-Garros

Finale

Chemise blanche, chapeau panama ou bob Perrier, les spectateurs parisiens sont sur leur trente-et-un pour la finale de Roland-Garros, l'un des événements mondains de l'année. En tribune de presse, les paparazzis s'échauffent l'œil pour leur partie de chasse au people, une sorte d'*Où est Charlie ?* grandeur nature dans les gradins du court Philippe-Chatrier. Parmi les proies du jour, Jennifer Aniston, Vince Vaughn, Jean Rochefort ou Jean Reno s'adonnent à l'art subtil de faire semblant de passer incognito pour mieux être vus. Tout ce beau monde est venu assister à l'un des spectacles les plus courus du moment, Roger Federer face à Rafael Nadal.

Pour la première finale de Grand Chelem entre les deux hommes, l'histoire a choisi Paris et le scénario est parfait. Les n°1 et 2 mondiaux se retrouvent en finale de Roland-Garros, une première depuis le mythique McEnroe-Lendl de 1984. Tout le monde s'attend à un nouveau chef-d'œuvre, un mois après la déjà légendaire finale de Rome remportée par Nadal au terme d'un combat titanesque de 5 h 05 où Federer avait manqué deux balles de match. Les deux hommes s'affrontent pour la deuxième fois à Roland-Garros, après la victoire de Nadal un an auparavant en demi-finale.

En ce dimanche 11 juin 2006, c'est toute l'histoire du tennis qui contemple Roger Federer. À seulement 24 ans, il a l'occasion de remporter son premier Roland-Garros et un quatrième titre du Grand Chelem consécutif (sur deux saisons), un exploit que seul Rod Laver a réussi depuis le début de l'ère Open. « *Je sais ce que m'apporterait une victoire à Roland-Garros, je ne peux pas me mentir* », a-t-il avoué avant le match, bien conscient de cet immense enjeu. Certes, le n° 1 mondial règne toujours en père peinard sur le circuit. Mais sur terre battue, il a trouvé son maître en la personne de Rafael Nadal, son bourreau en finale de Monte-Carlo et de Rome.

Nadal, le seul homme à avoir battu Federer depuis le début de la saison, s'est affirmé comme l'arme anti-Federer absolue. Sur terre battue, ses capacités physiques hors normes, son lift bondissant et sa grinta mettent au supplice le jeu offensif du Suisse. Il semble aussi disposer d'un pouvoir magique, celui d'instiller le doute dans l'esprit de Roger Federer.

Un an après son premier titre à Roland-Garros, le roi de la terre battue règne toujours en monarque absolu sur ses terres, de Monte-Carlo à Rome en passant par Barcelone. À Paris, le tenant du titre a poursuivi son invraisemblable série de victoires consécutives sur l'ocre : 59, pulvérisant au passage le record de Guillermo Vilas (53).

Federer a rejoint la finale sans encombre. Il n'a perdu que deux sets, un contre Nicolas Massu au 3e tour (6-1, 6-2, 6-7(4), 7-5), l'autre en demi-finale contre David Nalbandian, qui lui a toutefois bien mené la vie dure pendant un peu plus d'un set avant de devoir abandonner à 3-6, 6-4, 5-2. Nadal, de son côté, n'a joué que trois jeux de plus que Federer pour arriver en finale, mais il a passé… 4 h 30 de plus sur le court. Le 3 juin, jour de son 20e anniversaire, Paul-Henri Mathieu lui a offert une réplique mémorable au 3e tour (5-7, 6-4, 6-4, 6-4 en 4 h 53 !), un match de tous les dangers où Nadal manqua de s'étouffer avec un bout de banane, obligeant le docteur Montalvan à venir à son chevet au beau milieu d'un jeu. Les risques du métier. Les adversaires suivants furent ingurgités avec plus de facilité, comme Novak Djokovic qui abandonna après avoir concédé les deux premières manches (6-4, 6-4) pour leur premier affrontement, en quart de finale.

Le mercure affiche 30° C quand les deux meilleurs joueurs du monde entrent sur le court Philippe-Chatrier où quelque 15 000 spectateurs ont pris place. En prévision de ces conditions chaudes, Roger Federer a ajouté un peu de tension à son cordage, pour mieux maîtriser des balles moins sensibles à la gravité. Polo bleu et short noir, le Suisse attend les yeux dans le vague que Nadal ait fini sa routine d'avant-match (mise en place des bouteilles, installation des serviettes...). Puis il observe, un peu interloqué, son adversaire bondir sur place une bonne trentaine de fois face à lui pendant le tirage au sort.

Le début de match tourne vite à l'avantage de Federer qui prend le service adverse pour mener rapidement 3-0. Nadal dégage une fébrilité inhabituelle. Sa faible longueur de balle, un bon baromètre de l'état de ses nerfs, indique un stress important. Pas de « *Vamos* » tonitruant, pas de passing époustouflant, pas même un coup droit gagnant... Nadal est éteint et « *very very very nervous* » comme il l'expliquera après le match. Federer, lui, déroule son tennis offensif sans forcer son talent. Il remporte le premier set 6-1. Les fans du Suisse doivent se pincer. Cette première manche a été facile, presque trop facile, c'est louche...

Quatre-vingt-neuf victoires pour trois défaites, tel est le bilan de Federer en Grand Chelem quand il a remporté la première manche. Encourageant, certes, mais la route de la victoire s'annonce encore longue et sinueuse. « *Jouer Nadal sur terre battue, c'est comme se retrouver au milieu du Sahara, vous voyez des dunes à perte de vue* », a comparé l'Américain Kevin Kim, victime de l'Espagnol au 2e tour. Effectivement, Federer entame sa traversée du désert. Au début du deuxième set, il est sur le point de gagner un jeu de service qu'on pensait sans histoire. À 40/0 en sa faveur, l'arbitre Cédric Mourier descend de son perchoir pour corriger une annonce en faveur de Nadal, le point est à rejouer. Fidèle à sa réputation cabotine, le public parisien siffle, sans trop savoir pourquoi.

Pour une raison mystérieuse, ce fait de jeu banal va être le point de départ des ennuis de Federer. Une faute en coup droit dans la bande et une horrible volée de coup droit relancent Nadal qui n'en demandait pas tant. Ce dernier revient à 40/A et réalise son premier break quelques minutes plus tard d'un superbe passing de revers croisé. Chez Federer, l'indicible mécanique du doute se met en place. Son jeu de jambes s'alourdit, son visage se ferme et le compteur à fautes directes s'affole. Théorie des vases communicants oblige, Nadal a repris des couleurs. En fin tacticien, il augmente la pression sur Federer en montant régulièrement au filet. Cela a l'effet escompté : 6-1 pour Nadal qui se relance dans cette drôle de finale.

Si le suspense demeure intact, le public reste un peu sur sa faim, car les deux artistes ont du mal à jouer ensemble. Toutefois, le combat s'intensifie au début du troisième set où Federer retrouve un peu d'allant. Mais il manque quatre balles de break à 2-1 et concède son service au jeu suivant, le coup classique. Libéré de sa nervosité du début de match, Rafael Nadal enclenche peu à peu le mode rouleau compresseur. Maître de l'espace, son jeu est à la mesure des dimensions de l'immense court Philippe-Chatrier, quand Federer semble perdu dans cet océan d'ocre. Dans ces conditions sèches, son lift turbine à plein régime, mettant au supplice le revers de Federer. À la fin du troisième set, Nadal est en démonstration. Les coups droits gagnants défilent. 6-4, le n° 2 mondial vire en tête.

Sonné, Federer semble privé de l'esprit de revanche qui l'animait lors de leurs matchs précédents à Rome et à Monte-Carlo. Il concède son service au premier jeu du quatrième set. Un spectateur tente, en vain, de le sortir de sa torpeur : *« Allez Roger, c'est maintenant, là ! »* Il est 18 heures quand Nadal sert pour le match à 5-4. Federer n'a pas remporté le service adverse depuis plus de deux heures. Pourtant, le public espère encore un rebondissement et pousse en faveur de *« Roger »*.

À 30/A, Nadal offre une visite guidée du court Philippe-Chatrier à Federer, qui défend soudainement comme un damné, poussant Nadal à la faute après un superbe échange. Fair-play, Toni Nadal applaudit. Sur le point suivant, Nadal concède son service sur une faute de coup droit. Contre toute attente, Federer revient dans cette quatrième manche qui s'achève au jeu décisif, déjà le sixième entre les deux hommes depuis le début de la saison (3-2 pour Nadal). Mais une fois de plus, la constance et le cran de Nadal font la différence. Étendu de tout son long sur sa terre battue chérie, il peut célébrer son deuxième titre à Roland-Garros. Les cheveux défaits, les bras recouverts d'ocre, il vient serrer la main d'un Federer toujours impeccable, mais encore battu.

Loin de son niveau de Rome, la performance du n° 1 mondial pose question. A-t-il été rattrapé par l'enjeu historique de la rencontre ? Nadal dispose-t-il d'un pouvoir magique, celui d'hypnotiser Federer ? Le Suisse préfère avancer des raisons plus terre à terre. *« Les conditions sont plus lentes ici qu'à Rome, les balles aussi. Je ne m'attendais pas à ce qu'il fasse aussi chaud. C'est aussi à cause de lui, bien sûr. Je n'ai pas pu mettre en place le jeu que j'espérais... »*, énumère-t-il, un brin confus, à la télévision américaine juste après le match. L'humeur massacrante du Suisse en conférence de presse montre l'étendue de sa déception. *« J'ai essayé, je ne peux rien faire de plus »*, se défend-il sèchement. Il a encore du mal à l'avouer mais il ne peut plus le nier : Roger Federer n'a plus la solution face à Rafael Nadal.

Vainqueur : Nadal
Score : 1-6, 6-1, 6-4, 7-6(4)
Durée : 3 h 02
Le point : Le long échange lors duquel Federer défend comme un damné avant de conclure à la volée, à 5-4, 30/A dans le quatrième set.
Le chiffre : 93 %, soit le pourcentage de services expédiés par Nadal sur le revers de Federer.
À noter : C'est la première défaite de Federer dans une finale de Grand Chelem.
Bilan : Nadal 6 – Federer 1

N° 8

Dimanche 9 juillet 2006
Wimbledon

Finale

Le sport est à la une de l'actualité en ce dimanche 9 juillet 2006. Comme tous les quatre ans, Wimbledon a lieu en même temps que la Coupe du monde de football, à moins que ce ne soit l'inverse. Le jour même où la France de Zidane affronte l'Italie de Materazzi en finale à Berlin, Rafael Nadal défie Roger Federer en finale à Londres. C'est un week-end d'anthologie pour les fans de sport, qui ont suivi la veille le sacre d'Amélie Mauresmo chez les dames.

Un mois après s'être disputé le titre à Roland-Garros, Nadal et Federer s'affrontent pour la première fois sur gazon dans le roi des matchs, la finale de Wimbledon. La même affiche la même année le dernier jour de Roland-Garros et de Wimbledon, c'est une première dans l'ère Open et cela dit bien la domination sans partage du duo infernal depuis le début de la saison 2006. Après la victoire de Nadal à Roland-Garros sur son terrain de jeu, cette fois-ci, c'est Roger Federer qui reçoit, dans une sorte de match retour. Le bruit feutré des balles rebondissant sur le gazon, les applaudissements au cordeau du public britannique, le vert passé du gazon en fin de tournoi, les chemisiers fuchsia des retraitées anglaises en tribunes, pas de doute, nous sommes à Wimbledon, le Temple du tennis.

Nadal le conquérant part à l'assaut de son but suprême, le trophée dont il rêvait enfant dans la chambre de l'appartement familial de Manacor. À seulement 20 ans, le voici déjà en finale, là où on ne l'attendait pas pour sa troisième participation au tournoi. L'Espagnol a fait étalage de ses progrès impressionnants sur gazon, à l'image de sa première balle de service dont la vitesse moyenne a augmenté de 14 km/h entre Roland-Garros et Wimbledon. *« Je n'ai jamais aussi bien servi »*, affirme-t-il avant cette finale, lui qui n'a concédé que deux fois son engagement depuis le début du tournoi.

Non, Nadal ne s'est pas soudainement transformé en un spécialiste du gazon au service ravageur, mais il a su adapter son jeu de terrien par petites touches à une surface qu'il a appris à apprécier, au contraire de nombre de ses prédécesseurs hispanophones, dont l'allergie patente au gazon a souvent été raillée. Premier Espagnol à atteindre la finale de Wimbledon depuis Manuel Santana en 1966, Nadal s'est fait une frayeur au 2e tour contre le 237e mondial Robert Kendrick, un serveur-volleyeur à l'ancienne qui a mené deux sets à rien, l'obligeant à une éprouvante remontada (6-7(4), 3-6, 7-6(2), 7-5, 6-4). La suite de son parcours fut beaucoup plus tranquille, sans aucun autre set perdu jusqu'en finale.

Federer, le gardien du temple, compte bien bouter ce sans-culotte en pantacourt qui a l'outrecuidance de se présenter aux portes du pouvoir. Après ses quatre défaites consécutives contre son grand rival, le roi est acculé et Wimbledon apparaît comme un dernier rempart. Perdre en finale de « son » tournoi serait une véritable tragédie pour le triple tenant du titre, et un séisme sans précédent pour la planète tennis. Richard Gasquet au 1er tour, Tim Henman au 2e, Mario Ancic en quart, Federer a hérité d'un tableau difficile, ou du moins c'est ce que l'on pensait avant qu'il n'étrille ses adversaires un à un, concédant seulement 52 jeux jusqu'en finale, un record à Wimbledon.

Vêtu d'une veste de costume couleur crème, Federer entre sur le Centre Court comme dans son jardin, la main dans la poche, le pas décontracté, mais le visage fermé. Nadal arbore un débardeur blanc, *of course*, et un bas qui oscille entre le short long et le pantacourt, une nuance dont lui seul a le secret. Tradition oblige, il a dû laisser son sac à un préposé qui se charge d'apporter les effets personnels des deux joueurs à leur chaise. Mais il a tenu à garder sa raquette et c'est l'arme à la main qu'il pénètre sur le Centre Court dans le sillage de son adversaire.

Pour sa première finale à Wimbledon, Nadal n'a guère le temps de prendre ses marques. À 1-0, Federer convertit déjà sa deuxième balle de break après un joli point, conclu d'un superbe coup droit en bout de course. *« Tu es dans ta maison, sur ton court ! »* lui a rappelé son coach Tony Roche dans sa causerie d'avant-match. Message reçu, le n° 1 mondial débute très fort, volant d'un bout à l'autre du court avec une facilité déconcertante. Dans un silence de cathédrale, le son feutré des petits pas de Federer sur le gazon molletonné du Centre Court provoque un frisson sensoriel à qui peut l'entendre. Le jeu du Suisse est taillé pour l'herbe. Son slice de revers, assez inoffensif sur terre battue contre Nadal, fait un tabac sur gazon, il l'empêche de trouver sa zone de confort en fond de court. Le Majorquin concède une deuxième fois son service (déjà autant que lors de ses six matchs précédents !). Le premier 6-0 de l'histoire des Fedal est remporté par Federer en 25 minutes.

Nadal reprend ses esprits au début du deuxième set. Deux passings gagnants d'affilée lui permettent d'obtenir une première balle de break, convertie sur une faute de Federer et célébrée d'un *« Vamos »* assorti d'un plus inhabituel « *Come on* ». Les débats s'équilibrent et la tension gagne le clan Federer qui voit se dessiner le spectre de la malédiction du Fedal. En finale de Roland-Garros, Federer avait aussi facilement remporté le premier set, avant de perdre les trois suivants… La fiancée de Federer, Mirka Vavrinec, tente de cacher sa nervosité derrière ses lunettes de soleil. Tel un cow-boy, son entraîneur Tony Roche mordille nerveusement un élastique, à l'ombre de sa casquette. Les parents Federer, Lynette et Robert, entourent l'agent Tony Godsick. Un éphèbe trentenaire aux cheveux mi-longs complète le tableau. Il s'agit du méconnu Reto Staubli, un ancien bon joueur suisse reconverti en trader au Crédit Suisse. Ami et conseiller de l'ombre, il joue aussi le rôle de sparring-partner en échauffant Federer.

Moins en confiance dans cette deuxième manche, le n° 1 mondial rechigne à monter au filet, mais la qualité de sa première balle lui permet de rester à flot. Un soleil franc perce les nuages quand Nadal sert pour le set à 5-4. Trois fautes de coup droit et une double faute plus tard, le ciel de Nadal s'assombrit. Il vient de manquer l'occasion d'égaliser à une manche partout et de grignoter le cerveau d'un Federer loin d'être serein. Un tournant dans cette finale. L'Espagnol finit par concéder le deuxième set au jeu décisif (7-5). Federer laisse échapper un cri de soulagement, il revient de très loin dans cette manche, mais cette fois-ci les choses ont tourné en sa faveur.

Dans ces deux premières manches, Nadal n'a pas dégagé la même détermination que lors des Fedal précédents. À Wimbledon, il est encore en terrain inconnu et cela semble avoir un impact sur sa concentration. Il montre des signes de frustration inhabituels, on le voit même parfois s'agacer entre sa première et sa deuxième balle, c'est dire. À 4-3 dans le troisième set, c'est pourtant avec le sourire qu'il remporte un drôle de point d'une volée gagnante involontaire. Rare moment de décontraction où le jeu prend le dessus sur l'enjeu, renvoyant les deux meilleurs joueurs du monde au plaisir ludique originel du jeu de balle.

Dans un troisième set plaisant, Nadal se libère et exhibe sa nouvelle panoplie de joueur de gazon. Son revers, par exemple, fait des ravages. Il est devenu un coup d'attaque frappé avec moins de lift pour une trajectoire plus tendue. Federer s'accroche et tient son engagement grâce à sa première balle. Le jeu décisif, encore un, débute par un superbe rallye de fond de court, conclu par Nadal d'un passing de revers gagnant. *Vamos !* Réponse de Federer, avec un autre passing de revers supersonique. *Come on !* Retour gagnant à 4-2, service-volée à 5-2, Nadal est en feu et le public se met au diapason de cette belle énergie. Vingt coups gagnants pour seulement trois fautes directes, c'est une manche référence pour Nadal qui fait perdre son premier set de la quinzaine à Federer.

Après tant d'émotions, les spectateurs du Centre Court prennent leurs dispositions pour la suite du spectacle. Federer, lui aussi, est soudainement pris d'une envie pressante, avec un timing certain. Au retour du vestiaire, le Suisse a remis ses idées en place. Il obtient une première balle de break à 2-1 en sa faveur. Nadal suit son service au filet, c'est osé. Mais il perd complètement les pédales et envoie sa volée directement sur Federer, obligeant le Suisse à se baisser pour éviter cette balle perdue. Nadal en a même perdu son antivibrateur qui termine à côté de Federer, soudainement assailli de projectiles en tous genres. Décomplexé par ce break, le Suisse joue à nouveau l'acier dans cette quatrième manche, distribuant les aces et les coups droits gagnants à l'envi. Il reprend le service adverse et sert pour le titre une première fois à 5-1, encouragé discrètement par sa mère, à quelques mètres de lui. Rattrapé par la tension, il s'effondre et voit Nadal revenir à 5-3, ranimant le spectre des Fedal précédents. Mais sa première balle, son plus fidèle allié dans cette finale, ne l'abandonne pas au moment de servir une deuxième fois pour le titre. C'est sur un jeu blanc que Federer égale l'un des records de Pete Sampras en remportant son quatrième titre consécutif à Wimbledon.

L'accolade chaleureuse entre les deux hommes prouve que les tensions du printemps font partie du passé. Plus encore que la joie, c'est le soulagement qui semble animer Federer, pour son huitième titre du Grand Chelem. *« Je me rends compte à quel point ce match était important pour moi. Si j'avais perdu, j'aurais été dévasté. Il aurait gagné Roland-Garros et Wimbledon et les deux fois en me battant en finale. Il était important pour moi d'inverser la tendance face à lui »*, avoue-t-il a posteriori.

Nadal est loin d'être abattu en conférence de presse, car il voit déjà plus loin : *« C'est important pour moi d'avoir bien joué dans cette finale, d'avoir la conviction que je peux aussi gagner ici, sur cette surface. »* Sa performance a marqué les esprits et le voir remporter Wimbledon n'a plus rien d'un fantasme. Le Temple du tennis ferme ses portes, avec la promesse de célébrer d'autres Fedal, la nouvelle grand-messe du tennis.

Vainqueur : Federer
Score : 6-0, 7-6(5), 6-7(2), 6-3
Durée : 2 h 58
Le point : Le long échange conclu par un revers court croisé gagnant de Federer à 2-1, Avantage Nadal dans le deuxième set.
Le chiffre : 77, soit le pourcentage de points marqués par Federer derrière sa première balle, son record en Grand Chelem contre Nadal.

N° 8 – Wimbledon 2006

À noter : C'est la première victoire de Federer face à Nadal en Grand Chelem.
Bilan : Nadal 6 – Federer 2

N° 9

Samedi 18 novembre 2006
Masters de Shanghai

Demi-finale

Pour leur sixième affrontement en 2006, Rafael Nadal et Roger Federer se retrouvent en Chine, le nouvel Eldorado du tennis mondial. Depuis l'année précédente, Shanghai accueille le prestigieux Masters, une vitrine rutilante pour l'ATP qui tente de convertir l'Asie au tennis (et accessoirement à son business). Fidèles à leur réputation, les Chinois ont vu les choses en grand pour accueillir les huit meilleurs joueurs du monde. Ils ont bâti en un temps record un complexe à rendre anxieux un directeur de tournoi du Grand Chelem. Le Qi Zhong Stadium, avec ses 15 000 places, est le symbole de cette démesure. Son toit rétractable en forme de magnolia, l'emblème de Shanghai, culmine à 40 mètres de haut, pas vraiment le gymnase du coin où il faut viser entre deux bouts de plafond pour réussir son lob. Heureusement, l'affiche est à la hauteur de cet écrin surdimensionné.

Seul petit hic pour les organisateurs, c'est en demi-finale que les n° 1 et 2 mondiaux s'affrontent. La faute à Rafael Nadal qui, pour son premier Masters, a terminé deuxième de sa poule après une défaite lors de son premier match contre l'Américain James Blake (6-4, 7-6(0)). L'Espagnol a dû cravacher pour valider sa qualification pour les demi-finales dans un rude combat contre Nikolay Davydenko (5-7, 6-4, 6-4). Handicapé par une blessure aux abdominaux, il a aussi semblé en délicatesse avec son genou gauche, qu'il s'est fait manipuler dans le troisième set. Nadal marque le pas dans cette fin de saison, il n'a plus atteint une seule finale depuis Wimbledon.

Et puis, il ne goûte guère aux conditions de jeu en indoor, une surface qui sied peu à son lift. À Stockholm, quelques semaines avant le début du Masters, il s'est même incliné face au 690e mondial (mais ex-9e), le revenant suédois Joachim Johansson et son service canon. Bref, il n'est pas favori et comme d'habitude, il le concède bien volontiers : *« Je vais jouer en indoor contre les sept meilleurs joueurs du monde. Si je n'ai pas de difficultés dans ces conditions, je n'en aurai jamais... »*

Roger Federer, au contraire, se porte comme un charme. Peut-être est-ce sa nomination au classement des hommes les plus sexy de l'année 2006 par le magazine *People* qui lui donne des ailes ? Depuis son quatrième sacre à Wimbledon, il n'a perdu qu'un seul match, face à Andy Murray (7-5, 6-4), dès son 2e tour à Cincinnati. Il a remporté son neuvième titre du Grand Chelem à l'US Open, puis a soulevé trois autres trophées dans la foulée (Tokyo, Madrid et Bâle). À Bâle, il s'est imposé pour la première fois dans sa ville natale, une victoire chère à son cœur célébrée en mangeant des pizzas avec les ramasseurs.

À Shanghai, il s'est extirpé du « groupe de la mort » en prenant sa revanche sur David Nalbandian (3-6, 6-1, 6-1), son bourreau en finale du Masters l'année précédente, puis en battant Andy Roddick (4-6, 7-6(8), 6-4), non sans avoir sauvé trois balles de match. Pour son dernier match de poule face à Ivan Ljubicic, Federer était déjà qualifié. Il aurait pu choisir de lever le pied pour terminer à la deuxième place de sa poule et potentiellement éviter Nadal en demie. Un petit calcul indigne de son rang et de sa forme étincelante. Le Suisse s'est imposé 7-6(2), 6-4.

Hors du court, Federer a profité de sa présence à Shanghai pour aller voir jouer son nouvel ami, le golfeur Tiger Woods, engagé en même temps au Shanghai Open. Quelques mois plus tôt, le Tigre avait fait une apparition remarquée à un match de Federer à l'US Open, une invitation manigancée par Tony Godsick, son agent depuis 2005. Car le Fedal se joue aussi en coulisses pour obtenir les meilleurs contrats. En affichant Woods, l'égérie de la marque de rasoirs Gillette, dans le box de Federer à l'US Open, Godsick a frappé un grand coup. Il a décroché un contrat XXL au nez et à la barbe (c'est le cas de le dire...) de Carlos Costa, l'agent de Nadal. En business aussi, tous les coups sont permis.

L'excitation contagieuse du Fedal gagne les tribunes quand les deux superstars du tennis entrent sur le court gris-mauve du stade Qi Zhong. Nadal, débardeur jaune et pantacourt noir, porte des poignets aux couleurs du drapeau espagnol, qui sont restés dans son sac depuis un match de Coupe Davis quelques semaines auparavant. Federer a opté pour un polo gris argent et un short bleu foncé. Les deux joueurs se connaissent trop bien pour faire semblant de s'observer. La partie démarre dare-dare et Federer impose son rythme infernal. Pris à la gorge, Nadal tente d'appliquer ses bonnes vieilles recettes en pilonnant le revers, mais Federer a réponse à tout et la surface est à son avantage. Mené 3-0, Nadal évite de justesse le double break après un point fabuleux à la manière d'un échange de ping-pong, mais les deux pieds sur la table. Nadal a des strappings partout, un sous chaque genou et un au pied que le physiothérapeute vient desserrer au changement de côté à 4-1. Le refrain du tube de Tom Jones « *Sex Bomb* » retentit quand il remet son débardeur.

Parfaitement en contrôle depuis le début du match, Federer perd soudainement les pédales au moment de servir pour le set à 5-3 : une faute en coup droit, une double faute, une horrible volée et un autre coup droit dans le filet. Federer se saborde, Nadal revient à 5-4, service à suivre. Rafa connaît bien son Roger, il sait qu'avec lui, les fautes directes peuvent voler en escadrille, alors il attend les erreurs de Federer pour recoller, mais elles ne viennent plus. Au contraire, le Suisse serre le jeu. Il convertit sa première balle de set après un superbe échange de 27 coups de raquette. Une fois n'est pas coutume, Nadal a été un peu timide dans un moment chaud et il le paie cher : 6-4 pour Federer.

Peu initié, le public n'en demeure pas moins très enthousiaste et ce match lui donne toutes les raisons de s'emballer. Quelques excités testent en solo l'acoustique des 30 000 m^2 du stade, c'est tentant. Le deuxième set se poursuit sur un rythme enlevé et les deux hommes remportent leurs jeux de service respectifs. À 5-4 pour Federer, la pression augmente dangereusement sur le service de Nadal, mené 0/30. Toujours aussi fort dos au mur, il revient à 30/A mais concède ensuite une première balle de match.

Federer recoiffe du bout des doigts quelques mèches rebelles échappées de son bandeau blanc, réajuste un peu son cordage, puis fixe son regard sur son adversaire en train de procéder à sa routine au service. Pour une fois, Nadal sert sur le coup droit de Federer qui réplique avec un retour long au centre. Bien embêté, l'Espagnol joue en reculant sur le revers du Suisse qui envoie son slice de revers dans le filet. Nadal serre le poing sans trop en faire, il sait qu'il s'en sort très bien sur ce coup-là. Dans ce jeu sous haute tension, il sauve une deuxième balle de match grâce à son coup droit, avant d'égaliser à 5-5. Mirka Vavrinec soupire en tribunes, alors que le bavard Toni Nadal commente ce rebondissement avec Carlos Costa, l'agent de Rafa.

L'intensité dramatique et le niveau atteignent des sommets à 6-5 en faveur de Federer. À 40/A, ce dernier est bien décidé à ne pas commettre la faute, mais c'est Nadal qui le cloue sur place avec un revers gagnant, quel cran ! Sur le point suivant, peut-être le plus beau du match, Federer conclut l'échange d'un splendide revers long de ligne, son premier revers gagnant du match, quel panache ! La folie du Fedal s'empare des 15 000 spectateurs. Sur sa troisième balle de match, Federer défend comme un beau diable. Sans solution, Nadal tente une amortie à l'emporte-pièce sur laquelle Federer se jette pour conclure d'un coup droit gagnant rageur. La célébration du n° 1 mondial, un genou brièvement posé au sol, montre l'importance de cette victoire face à son grand rival, bien au-delà de la qualification pour sa quatrième finale consécutive au Masters.

N° 9 – Masters de Shanghai 2006

Sur surface rapide, Federer a encore tenu bon, il remporte deux matchs de suite face à Rafael Nadal pour la première fois. Le lendemain, il atomisera James Blake en finale (6-0, 6-3, 6-4) pour conclure une année 2006 où il aura explosé tous ses records : 12 titres, 92 victoires pour seulement cinq défaites (dont quatre contre Nadal), plus de huit millions de dollars de gains.

En parlant de dollars, nos deux artistes ont décidé de prolonger un peu le plaisir en se retrouvant seulement trois jours plus tard pour une exhibition lucrative à Séoul, et une victoire de Federer 6-3, 3-6, 6-3. Un dernier tour de piste pour conclure 2006, l'année la plus prolifique de leur rivalité.

Vainqueur : Federer
Score : 6-4, 7-5
Durée : 1 h 53
Le point : Le revers gagnant long de ligne de Federer à 6-5, Avantage Nadal dans le deuxième set.
Le chiffre : 6, soit le nombre de Fedal en 2006. Un record sur une même saison.
À noter : C'est la première fois que Federer s'impose sans perdre un set face à Nadal.
Bilan : Nadal 6 – Federer 3

N° 10

Dimanche 22 avril 2007
Monte-Carlo

Finale

Contrairement aux trois précédentes saisons, Roger Federer et Rafael Nadal ne se sont cette fois pas croisés sur dur lors du premier trimestre. À l'Open d'Australie puis à Dubaï, l'Espagnol s'est incliné contre Fernando Gonzalez et Mikhail Youzhny, tous deux finalistes ensuite contre Federer, vainqueur de son dixième titre du Grand Chelem à Melbourne. Puis c'est ce dernier qui a connu quelques soubresauts lors de la tournée nord-américaine d'Indian Wells et Miami, où il a été éliminé étrangement tôt, les deux fois par Guillermo Canas. En Californie, Nadal en a d'ailleurs profité pour lui chiper son titre face à Novak Djokovic en finale, mais le jeune Serbe de 19 ans, nouveau venu dans le top 10, a pris sa revanche la semaine suivante en quart à Miami.

L'écrin somptueux du Monte-Carlo Country Club sert donc de cadre idyllique aux retrouvailles des deux hommes. Pour être exact, ils s'étaient déjà retrouvés une semaine plus tôt, lors de la conférence de presse d'avant-tournoi. Ils s'y étaient en effet associés pour monter au créneau face au projet du patron de l'ATP, Étienne de Villiers, de retirer à l'épreuve monégasque son statut de Masters Series, les tournois les plus importants après les Grands Chelems. Un moment fort, venant aussi rappeler leur poids grandissant auprès des instances, et leur détermination à l'utiliser si nécessaire. Sur ce point-là, ils auront d'ailleurs gain de cause...

Après cet épisode politique, ce fut *business as usual* pour les deux joueurs : aucun set perdu ni par l'un, ni par l'autre sur la route de la finale, qui est donc la revanche de celle de l'année précédente, mais cette fois en deux sets gagnants. Voilà deux ans que Federer ne perd plus que contre Nadal sur terre battue, et le Suisse a la ferme ambition de rectifier le tir cette année. À dessein, il a demandé à Tony Roche, son coach à temps partiel, de venir en Europe plus tôt que d'habitude. L'ancien champion australien est là toute la semaine pour voir son poulain réviser brillamment son espagnol face à David Ferrer en quart (6-4, 6-0) et Juan Carlos Ferrero en demie (6-3, 6-4). Roger est fin prêt. Mais Nadal, qui n'a jamais lâché plus de trois jeux par set sauf contre Tomas Berdych en demie (6-0, 7-5), l'est tout autant.

Alors que se joue en France, ce même jour, le premier tour de l'élection présidentielle, la finale de Monte-Carlo débute sur les chapeaux de roue. Par un temps très printanier, les deux rivaux réussissent d'emblée des coups splendides, à l'image de ce passing de coup droit frappé en bout de course par l'Espagnol dès le quatrième point, ou cet enchaînement de revers lâchés plein pot par le Suisse dans le deuxième jeu. En ce début de match, Roger tient parfaitement le choc. Il domine même légèrement, et il est le premier à se procurer des occasions de break : une à 1-0, puis deux à 4-3. Mais il les manque toutes les trois en dévissant notamment deux coups droits, son point fort habituel qui, comme souvent contre Rafa – cela saute désormais aux yeux –, connaît quelques ratés inhabituels.

Deux explications à cela. La première, comme Roger l'expliquera lui-même en conférence de presse, c'est parce qu'il est obligé de prendre plus de risques contre Nadal, surtout sur terre battue. La deuxième, peut-être moins perceptible, c'est qu'il en frappe davantage. Cela n'échappe pas à Rafa, qui révélera ainsi avoir procédé à un subtil changement tactique au bout de quelques jeux : « *Au début, l'idée était de pilonner son revers pour ensuite aller sur son coup droit. Mais il couvrait très bien son terrain sur sa gauche et parvenait ainsi à frapper beaucoup de coups droits de décalage, ce qui me mettait en difficulté. Alors, je me suis mis à faire l'inverse : j'ai essayé de m'ouvrir le court en jouant sur son coup droit pour ensuite l'attaquer sur son revers. À partir de là, le match a commencé à changer.* »

Illustration par l'exemple sur la balle de set, conclue par Nadal sur son service (après avoir breaké à 4-4) d'un splendide coup droit croisé. Autre élément tactique qu'il mettra en lumière : sa volonté de soigner particulièrement son pourcentage de premières balles (79 %), quitte à servir plus lentement, d'une part parce qu'il a remarqué que le Suisse retourne souvent mieux quand le service va vite, d'autre part parce qu'il souhaite se donner plus de temps pour préparer son coup suivant. Intéressant.

La suite du match, par contre, l'est un peu moins. Face à un Federer touché moralement, le deuxième set, bien qu'achevé sur le même score, n'est presque qu'une formalité (très relative...) pour Nadal, auteur d'un break rapide dès le troisième jeu, et qui aurait même pu conclure plus vite s'il n'avait pas gâché trois balles de 5-2 puis manqué une première balle de match à 5-3. Une simple anicroche, qui ne va pas changer grand-chose à la fin du film. À 20 ans, Rafael Nadal remporte son troisième titre consécutif à Monte-Carlo, ce que personne n'avait fait avant lui depuis Ilie Nastase au début des années 1970. Et il n'a toujours pas perdu contre Federer sur terre battue.

N° 10 – Monte-Carlo 2007

Vainqueur : Nadal
Score : 6-4, 6-4
Durée : 1 h 35
Le point : La volée de revers amortie rétro de Nadal à 5-3, 15/A dans le deuxième set, alors que l'Espagnol avait perdu son bandeau pendant l'échange.
Le chiffre : 19, soit le nombre de points gagnants frappés par les deux hommes. C'est le premier match où Nadal parvient à se hisser à la hauteur de Federer dans ce domaine.
À noter : C'est le seul Fedal sur terre battue où Nadal ne s'est pas fait breaker une seule fois.
Bilan : Nadal 7 – Federer 3

N° 11

Dimanche 20 mai 2007
Hambourg

Finale

En ce printemps 2007, Roger Federer et Rafael Nadal ne se quittent plus. Après leur finale à Monte-Carlo, ils se sont affrontés lors d'un autre duel d'un genre un peu particulier, une exhibition disputée à l'Arena de Palma de Majorque sur une surface « hybride » mi-gazon, mi-terre battue, les deux territoires de chasse très clairement répartis des deux légendes. L'idée, imaginée par le publiciste argentin Pablo del Campo, est donc de fusionner les deux royaumes, pour mieux les confronter.

Ravi d'accueillir son rival et néanmoins copain sur son île natale, Rafa en a profité pour lui faire visiter quelques hauts lieux touristiques de la capitale majorquine. Puis les deux hommes se sont affrontés sur un court qu'il a tout de même fallu presque trois semaines et plus d'1,5 million de dollars pour mettre sur pied. Le match, joué devant

6 800 spectateurs et également diffusé à la télévision, a été remporté cette fois encore par Nadal, sur le score acharné de 7-5, 4-6, 7-6 en 2 h 29.

Passé cette amusante parenthèse événementielle, les deux hommes se retrouvent dans un tournoi sur lequel ils avaient tous deux fait l'impasse en 2006, éreintés au sortir de leur mythique finale de Rome : le Masters Series de Hambourg, qui s'insère entre l'épreuve italienne et Roland-Garros. Et il faut bien dire que jamais, depuis le début de leur histoire commune, le rapport de force n'a semblé aussi favorable à Nadal.

L'Espagnol, qui vient une nouvelle fois de dompter le triptyque Monte-Carlo-Barcelone-Rome, reste sur une gigantesque série record de 81 succès consécutifs sur terre battue, surface sur laquelle il n'a plus perdu depuis deux ans, et une défaite le 8 avril 2005 contre le Russe Igor Andreev en quart de finale du tournoi de Valence, une autre époque ! Surface sur laquelle, au passage, il a aussi battu Federer cinq fois sur cinq, la dernière tout récemment donc, en finale de Monte-Carlo (6-4, 6-4).

La période est moins faste pour le Suisse qui s'est fraîchement séparé de son conseiller Tony Roche après une défaite aussi intrigante qu'inquiétante dès les huitièmes de finale à Rome, face au talentueux mais peu percutant Italien Filippo Volandri. Même ici, sur la terre battue moins vive du Am Rothenbaum de Hambourg où il s'est toujours senti à l'aise – il s'y est imposé à trois reprises et y a décroché son premier Masters Series en 2002 –, on ne voit plus très bien comment il pourrait déplacer la montagne de l'ocre.

Cela dit, même s'il a été battu en finale de Monte-Carlo, Federer a eu le sentiment de récolter *« beaucoup d'informations utiles »* sur la manière d'affronter son rival sur terre battue. Après cinq défaites, le maître continue d'apprendre... Il s'est refait la cerise au cours d'une semaine allemande à consonance là encore très hispanophone, puisqu'il y a battu successivement un Argentin (Juan Monaco) puis trois Espagnols et pas des moindres (Juan Carlos Ferrero, David Ferrer et Carlos Moya).

Mais Nadal, bien sûr, n'est pas un terrien comme les autres. Et le premier set débouche sur un scénario qui commence à être vu et revu : Rafa ne fait pas une faute, breake dès le troisième jeu et s'envole vers le gain facile de cette première manche : 6-2, et encore, l'addition aurait pu être plus salée pour le Suisse, très brouillon voire médiocre dans cette entame de match.

À 1-1, 15/40 dans le deuxième set, Federer se retrouve au bord de la catastrophe, sommé de sauver deux balles de break. Mais son coup droit, qui a « craché » jusque-là plus du triple de fautes directes que de points gagnants (13/4), retrouve à point nommé de sa superbe pour écarter ces deux menaces. À partir de là, quelque chose semble s'être soudainement débloqué chez l'insaisissable Suisse qui se met à appuyer ses frappes et à dicter la plupart des échanges dont il semblait vouloir se débarrasser quelques minutes plus tôt. Et l'impensable se produit : c'est bel et bien Roger qui breake dans ce deuxième set pour se détacher 4-1.

Évidemment, c'est l'éternel principe des vases communicants : si Federer se met à avancer davantage dans le terrain, c'est aussi parce qu'en face, son adversaire commence à jouer plus court. Et vice-versa. On ne sait jamais vraiment qui de la poule ou de l'œuf... Toujours est-il que l'Espagnol a clairement un coup de moins bien, comme rattrapé subitement par son printemps gargantuesque et une demi-finale au forceps face à Lleyton Hewitt (victoire 7-5 au troisième set). D'un coup, il laisse des brèches béantes dans sa défense et Federer s'y engouffre frénétiquement, notamment avec son coup droit décroisé qui tourne désormais comme une horloge. À 4-1, Nadal met toute son énergie pour ne pas perdre une nouvelle fois son service en sauvant deux balles de double break. Mais c'est son chant du cygne. Après quoi, fait inimaginable, il ne va plus inscrire le moindre jeu...

De là à dire que Federer déroule jusqu'à la fin, il y a une marge. Le Majorquin, bien sûr, se bat comme un lion, notamment pour sauver plusieurs balles de deuxième set dont une d'une superbe volée amortie de revers rétro. Et il bénéficie aussi d'une balle de break d'entrée de troisième set qui aurait peut-être changé la face du match si Federer ne l'avait pas sauvée d'un très audacieux enchaînement service/coup droit gagnant joué avant le rebond. Mais nul ne peut lutter face à son destin, pas même le roi de la terre. Une fois cette occasion manquée, Nadal s'éteint progressivement au fil du troisième set, comme saoulé de coups. L'ogre de la terre battue semble enfin sevré de victoires.

Une victoire extrêmement précieuse en revanche pour Federer qui, lui, la veut plus que tout. Un ultime coup droit dans le filet lui donne cette incommensurable joie, ponctuée comme il se doit par une célébration pleine de rage et le bisou sur le court de sa fiancée, Mirka Vavrinec. Enfin, il a conquis son Eldorado : battre Nadal sur terre battue.

À 25 ans, Federer décroche son 48e titre, son 13e en Masters Series, et met fin surtout à la prodigieuse hégémonie de Nadal sur terre battue, surface sur laquelle l'Espagnol n'avait également jamais perdu une finale. L'intéressé, qui concédera une fatigue essentiellement mentale plus que physique, aura cette réflexion pleine de fair-play teinté de fatalité : « *Il fallait bien que ça arrive un jour alors quitte à perdre, autant que ce soit contre lui.* » Qui d'autre…

Vainqueur : Federer
Score : 2-6, 6-2, 6-0
Durée : 1 h 55
Le point : L'échange de 21 coups remporté par Federer à 3-0, 15/0 dans le troisième set, après avoir pourtant été pilonné puis lobé au filet.
Le chiffre : 0, soit le nombre de jeu inscrit par Nadal dans le troisième set. C'est le seul 6-0 encaissé par l'Espagnol sur terre battue en tant que n° 1 ou 2 mondial.
À noter : C'est la première victoire de Federer contre Nadal sur terre battue.
Bilan : Nadal 7 – Federer 4

Nº 12

Dimanche 10 juin 2007
Roland-Garros

Finale

Là, bien sûr, cela change tout. En venant à bout de Rafael Nadal en finale à Hambourg, Roger Federer a sérieusement relancé ses chances, du moins son espoir de dominer, enfin, son rival à Roland-Garros. Que Nadal l'ait en revanche battu en double à Rome, aux côtés de son mentor Carlos Moya (Federer, lui, jouait avec son compatriote Stan Wawrinka), c'est évidemment beaucoup plus anecdotique. À l'approche de la deuxième finale consécutive entre les deux hommes à Paris – un « doublé » jamais vu Porte d'Auteuil depuis Ken Rosewall et Rod Laver en 1968-69 –, beaucoup donnent le Suisse favori. Ils croient dur comme fer au déclic de Hambourg. On n'ose dire au « miracle » de Hambourg.

C'est faire peu cas de la forme éblouissante retrouvée par Rafael Nadal à Paris, où il est arrivé pour la première fois en finale sans perdre un set, malgré un tableau pas évident qui avait placé sur sa route deux petits jeunes très prometteurs, Juan Martin Del Potro au 1er tour et Novak Djokovic en demie, ainsi que des valeurs « étalon » du circuit comme Lleyton Hewitt en huitième et Carlos Moya en quart. Tous balayés sans ménagement. « *Jamais je ne me suis senti aussi bien techniquement et physiquement* », a même annoncé l'Espagnol dans une phrase dénuée de forfanterie, mais qui résonne tout de même comme un sérieux avertissement à l'endroit de son rival préféré.

Du côté de Federer, après le léger passage nuageux du printemps, le temps est aussi revenu au beau fixe. Nouvellement épaulé par Séverin Lüthi, qui est également son (jeune) capitaine de Coupe Davis, le Suisse n'a perdu qu'un set sur la route de la finale, en quart, face à Tommy Robredo. Anecdotique, bien que ce léger accroc ait interrompu sa série record de 36 sets remportés consécutivement en Grand Chelem, une folle série entamée lors de la finale de l'US Open 2006. Sa demi-finale, bouclée là aussi en trois sets – mais difficiles – contre Nikolay Davydenko, lui a permis de sceller un autre record, plus prestigieux encore : une qualification pour une huitième finale de Grand Chelem consécutive. Série en cours…

Cette finale-là, disputée sous un temps beau et chaud, revêt déjà une forte dimension symbolique puisqu'elle est la première finale masculine de

Roland-Garros arbitrée par une femme, la Française Sandra de Jenken, et ce au terme d'une édition marquée également pour la première fois par la parité des gains. Sur le plan sportif, elle est chargée d'histoire. Federer a une nouvelle occasion de remporter le dernier titre majeur manquant à son palmarès et de boucler un Grand Chelem sur deux saisons. Nadal peut égaler Borg avec un troisième titre d'affilée à Roland-Garros. Les deux joueurs jouent gros, ils le savent et c'est ce qui explique probablement un début de match assez tendu, avec beaucoup d'électricité dans l'air.

Il faut attendre le deuxième jeu pour voir un point gagnant : il est signé Rafael Nadal, d'un coup droit croisé. Mais la nervosité de l'Espagnol est palpable, malgré tout. Il est incapable de profiter de l'entame de match catastrophique au service de Federer, en panne cruelle de premières balles. Sans conséquence, donc. Et c'est bien lui, Roger, qui se crée les deux premières balles de break à 2-1, 15/40, sans les convertir.

L'affaire prend une tout autre ampleur, à 3-2, lors d'un sixième jeu où le niveau de tennis et d'intensité monte de plusieurs crans. Dans ce jeu à couteaux tirés, Roger obtient cinq nouvelles balles de break, dont une qu'il gâche en expédiant dans le couloir une accélération de coup droit décroisé tout à fait à sa portée. Dans les tribunes, le public parisien, qui s'affiche peut-être pour la première fois aussi majoritairement en sa faveur, frémit. Toni Nadal, lui, serre le poing, une attitude rare chez lui sur une faute adverse. Mais il sait l'importance de cette faute, l'importance pour son neveu de tenir le choc à ce moment-là. Et il va être exaucé. Rafa ne flanche pas, sauvant la dernière balle de break grâce à son coup signature, une formidable accélération de coup droit à la trajectoire courbée, le fameux « banana shot ». Et derrière, comme par hasard, c'est lui qui va chercher le break blanc. Ou plutôt c'est Federer, auteur de quatre fautes, qui le lui donne.

À 3-4, le Suisse a encore trois balles de débreak consécutives, là encore gâchées par trois fautes. Le bilan est rude pour le n° 1 mondial : 10 balles de break, aucune convertie. Nadal, lui, affiche 100 % de réussite, et il réalise un deuxième break pour aller chercher le premier set. 6-3. Vous avez dit hold-up ? Peut-être. Mais un braquage d'orfèvre, alors.

Le grand mérite de Federer à ce moment-là est de ne pas se laisser assommer par ce coup de massue. Il repart à l'abordage d'entrée de deuxième set avec des intentions nettement plus offensives, bien aidé par une première balle retrouvée. Et il en est récompensé par un break enfin scellé, à 3-3, à sa… douzième opportunité. Le réalisme a changé de camp : c'est au tour de Rafa, cette fois, de manquer ses occasions (trois balles de break en tout dans ce deuxième set). Soudainement moins précis en passings, l'Espagnol fait parler son cœur en sauvant quatre balles de set à 3-5. Mais derrière, Federer conclut avec autorité. Un set partout. Le bras de fer espéré va avoir lieu.

On n'imagine alors pas que Federer a en réalité tiré ses dernières cartouches dans cette fin de deuxième set de haut standing. Et pourtant… À ce moment du match, Nadal démontre une nouvelle fois son inégalable capacité à avancer avec la force tranquille d'un tank, sans à-coups ni baisse de régime, écrasant tranquillement les obstacles qui se dressent sur sa route. À peine ébranlé, il remet les chenilles en marche alors que Federer, lui, retombe dans ses approximations. Le Suisse se fait breaker d'entrée de troisième set. Erreur fatale. Il n'aura jamais l'occasion de refaire son handicap. Nadal s'impose 6-3.

Roger tente de remettre la machine en route à l'entame de la quatrième manche, avec une balle pour mener 2-0. Mais celle-ci est magistralement sauvée par Rafa d'une accélération de coup droit long de ligne. Le Suisse s'agace ostensiblement. Ce n'est pas bon signe. Il n'arrive pas, ou plus, à maintenir un plan de jeu cohérent, à trouver le bon équilibre entre une nécessaire agressivité et une non moins indispensable patience. Inévitablement, il en découle une pluie de fautes directes (59 au total). Mais comment jouer sereinement avec cette impression d'avoir en face de soi un pit-bull prêt à vous sauter à la gorge au moindre relâchement ?

Fatalement, Nadal poursuit son entreprise de démolition : au début du quatrième set, c'est en finesse, d'une magistrale contre-amortie de coup droit, qu'il va chercher deux balles de break et concrétise la deuxième. Il n'a « plus qu'à » dérouler sur son service, ce qu'il fait tranquillement face à un adversaire qui paraît de plus en plus résigné. Après une ultime accélération de coup droit adverse hors limite, Rafael Nadal, fidèle à sa légende naissante, peut s'allonger sur sa terre chérie. À 21 ans, il devient le deuxième joueur de l'histoire à triompher pour la troisième fois d'affilée à Roland-Garros, après Björn Borg.

L'exploit est phénoménal, vraiment. Et pourtant, ses premiers mots seront directement consacrés à sa victime, qu'il vient de priver, comme en 2006, d'un Grand Chelem à cheval sur deux saisons. *« Je suis extrêmement content mais aussi très triste pour Roger. C'est un ami et un grand champion. Je suis sûr qu'il reviendra pour gagner enfin ici. »* Ce dont l'intéressé ne voulait pas douter, du moins en apparence, reconnaissant surtout avec sportivité la supériorité de son adversaire. *« Je suis déçu bien sûr mais encore une fois, j'ai perdu contre un très grand champion. J'essaierai encore. Je ne pense pas que Nadal jouera les dix prochaines finales de Roland-Garros. »* L'Espagnol semble néanmoins avoir signé pour un bail durable.

N° 12 – Roland-Garros 2007

Vainqueur : Nadal
Score : 6-3, 4-6, 6-3, 6-4
Durée : 3 h 10
Le point : La contre-amortie de coup droit sur la ligne de Federer à 2-2, 15/A dans le deuxième set, au bout d'une course folle et d'un échange de 16 coups.
Le chiffre : 1/17, soit le taux de balles de break converties par Federer (dont 0/10 au premier set). Son plus faible bilan dans un Fedal.
À noter : C'est la première fois de l'histoire de Roland-Garros qu'un joueur (Nadal) remporte deux fois d'affilée le tournoi face au même adversaire en finale.
Bilan : Nadal 8 – Federer 4

N° 13

Dimanche 8 juillet 2007
Wimbledon

Finale

Fedal, désormais, rime avec finale, et aussi avec Graal. Chaque duel entre les deux hommes vaut son pesant d'histoire, et cette deuxième finale de Wimbledon consécutive particulièrement. S'il la gagne, Federer deviendra le premier joueur à remporter cinq fois consécutivement le tournoi londonien depuis Björn Borg entre 1976 et 1980. Si c'est Nadal, il sera le premier à réussir l'impensable doublé Roland-Garros/Wimbledon, un autre exploit que Borg est le dernier à avoir réussi. Le mythique champion suédois est d'ailleurs là, dans la Royal Box, pour assister à cette passation de témoin annoncée. Quoi qu'il arrive, la légende s'écrira sous ses yeux.

Historique, cette édition 2007 de Wimbledon l'est déjà à plus d'un titre. Elle a été massacrée par une météo affreuse qui a provoqué l'interruption de 175 matchs au total et sérieusement compliqué la feuille de route de Nadal, dont le 3e tour face à Robin Söderling a commencé le premier samedi pour s'achever… le mercredi suivant. L'Espagnol s'en est sorti d'extrême justesse, à l'issue d'un match aussi tendu que l'élastique du slip que le Suédois a fait mine de tirer au début du cinquième set, dans une pâle imitation des tics de son adversaire.

Le n° 2 mondial a dû ensuite enchaîner quatre matchs en quatre jours et connu encore beaucoup de réussite en huitième face à Mikhail Youzhny, qui a mené deux sets à rien avant de se blesser au dos. Puis il a bénéficié en demie de l'abandon de Novak Djokovic, qui avait remporté le premier set avant de jeter l'éponge dans le troisième en raison d'un état de fatigue généralisée. Bref, un parcours riche en émotions.

Et pendant ce temps, Roger Federer, passé pour la première fois de sa carrière de Roland-Garros à Wimbledon sans tournoi de transition, s'est lui retrouvé au chômage technique pendant cinq jours en raison du forfait en huitième de Tommy Haas. Pour le reste, sans être aussi dominant que l'année précédente, il a encore bien promené son talent durant la quinzaine. Il n'a perdu qu'un set, en quart, face à Juan Carlos Ferrero, surclassant le choc du 3e tour face à Marat Safin ou renvoyant à leurs études Juan Martin Del Potro au 2e tour ainsi que l'épatant Richard Gasquet en demi-finale.

La météo est enfin revenue au beau et au chaud pour faire place à ce treizième duel entre les deux rivaux, dont l'allure tranche lorsqu'ils font leur entrée sur un Centre Court méconnaissable, car décapité de la structure supérieure de ses tribunes en raison des travaux pour la pose de son futur toit. Federer pénètre sur le terrain en pantalon de flanelle et veste assortie, façon joueur des Années folles. Nadal lui emboîte le pas avec son beaucoup moins traditionnel débardeur et le short large qui a remplacé son pantacourt. Entre les deux hommes, l'opposition est aussi stylistique.

Contrairement à la finale de Roland-Garros, il n'y a aucun round d'observation. Federer se détache d'emblée 3-0, obligeant Nadal à mettre rapidement en route son (turbo) diesel. L'Espagnol réagit au quart de tour et débreake grâce à un jeu monumental serti de trois passings et d'un retour gagnant. On joue depuis à peine un quart d'heure et le niveau, déjà, est assez prodigieux.

Il le reste jusqu'à un inéluctable jeu décisif qui est le parfait résumé du set : Federer prend tout de suite les devants et se détache 6 points à 3. Il croit même conclure à 6-5 mais un revers de Nadal annoncé faute est overrulé par le Hawk-Eye, l'arbitrage vidéo inauguré l'année précédente à Miami et utilisé pour la première fois dans un Fedal (aucun des deux hommes n'y avait eu recours lors de leur duel en fin de saison dernière au Masters).

Pas content, le Suisse trouve la force, malgré une quatrième balle de set manquée à 7-6, d'aller chercher ce jeu décisif d'une volée haute de revers. Superbe. Et mérité.

Mais insuffisant évidemment pour décourager l'Espagnol qui fait maintenant jeu égal, se montrant même dominateur dès que l'échange s'instaure. Heureusement pour lui, Federer est dans un grand jour au service, alignant par exemple trois aces au moment de sauver deux balles de 4-2. Mais ce deuxième set va néanmoins basculer en sa défaveur sur un fait de jeu singulier. Servant à 5-4, 15/A, le Suisse juge sa première balle dans le couloir (ce que confirmera la vidéo) mais il omet d'arrêter l'échange pour demander le challenge, et se fait finalement contrer par Nadal qui réussit un passing de revers gagnant… les fesses par terre, après avoir glissé sur un contre-pied. Renversant. Car deux points plus tard, il décoche un autre fantastique passing de revers, celui-ci solidement campé sur ses appuis, pour revenir à un set partout.

Le troisième set est un must. Une seule balle de break est recensée, dès le premier jeu, pour Federer qui réussit plusieurs coups de génie tout au long de cette manche. Presque contre le cours du jeu, Nadal n'est pourtant pas loin de la remporter lorsqu'à 6-5 en sa faveur, 15/30 service adverse, il met dans le filet un coup droit très jouable. Et Federer, finalement, fait la différence au jeu décisif (7 points à 3).

Comme toujours, la réaction de l'Espagnol est immédiate avec un break d'entrée de quatrième set. Federer s'agace. Comme si la présence de Nadal de l'autre côté du filet ne suffisait pas, il semble devoir lutter contre un deuxième adversaire : le Hawk-Eye, qui fait son apparition à Wimbledon, avec semble-t-il quelques approximations. *« La machine fait des erreurs, j'en suis sûr »*, a lui-même fustigé Nadal après sa demie contre Djokovic. Et Roger (re)fait lui aussi cet amer constat lorsqu'à 0-2, 30/A, une balle de Nadal qui paraît faute en longueur est jugée bonne par la machine. C'en est trop pour Federer qui hurle un *« shit »* tonitruant après s'être fait (double) breaker dans la foulée, vociférant ensuite ses états d'âme auprès de l'arbitre portugais Carlos Ramos. *« Cette machine est en train de me tuer ! »* l'entend-on notamment hurler.

Nadal fonce vers le gain de ce quatrième set, non sans être rattrapé par le collet sous la forme d'une décharge ressentie dans le genou droit alors qu'il mène 4-0. Il prend un temps mort médical à 4-1 et poursuit le match avec un bandage tout en sortant du court après avoir (malgré tout) conclu 6-2 sans frayeur. À quel point cette douleur va-t-elle le gêner pour la suite ? Voilà une question qui restera sans réponse. L'intéressé prendra bien sûr le soin de l'éluder en conférence de presse.

Malgré tout, voilà Nadal revenu à deux sets partout et c'est déjà un exploit : jamais, depuis le début de son règne à Wimbledon, Federer n'a été poussé au cinquième set. Mieux, l'Espagnol est au bord de faire basculer le destin dans son camp au début de cette manche décisive puisqu'il se procure quatre cruciales balles de break : deux (d'affilée) à 1-1 puis deux (d'affilée toujours) à 2-2. La deuxième lui laissera des regrets éternels, avec ce coup droit raté derrière un excellent retour qui lui avait permis de prendre l'ascendant dans l'échange. Rien à dire en revanche sur les trois autres, bien sauvées par Federer qui fait mouche en servant chaque fois sur le revers adverse. Le Suisse exulte, sentant instinctivement qu'il vient de faire le plus dur : « *J'avais ce pressentiment qu'il venait de laisser passer sa chance. Et que si une occasion se présentait de mon côté, j'allais probablement la saisir* », confiera-t-il ensuite.

C'est du reste exactement ce qu'il se produit lors d'un sixième jeu où le Suisse force son destin en réussissant trois coups droits exceptionnels pour s'offrir son premier break depuis le deuxième jeu du match. Au meilleur moment. Un autre suivra pour conclure la partie, chose faite d'un smash libérateur écrasé dans le court vide. Fauché par l'émotion, Federer s'écroule sur le sol avant de fondre en larmes. À bientôt 26 ans, il devient donc l'égal de Borg dans le Temple du tennis mais aussi au nombre total de Grands Chelems remportés (11).

Le Suisse en est si tourneboulé qu'il enfile son pantalon à l'envers avant la cérémonie protocolaire. Il n'en perd pas pour autant sa contenance ni sa déférence envers son rival, qui semble plus touché que jamais après une défaite (il révélera ensuite avoir pleuré dans les vestiaires) : *« Je suis content d'avoir gagné ce titre-là avant qu'il ne les rafle tous... »*, sourit-il avant d'étayer sa pensée en conférence de presse : *« C'est incroyable les progrès qu'il a faits depuis un an. L'année dernière, il n'avait rien à perdre et frappait des coups sans réel plan de jeu. Maintenant, sa science du gazon est réelle. Il mérite de gagner ici. »*

En attendant, les deux champions restent encore les maîtres de leur territoire, Nadal celui de la terre, Federer celui de l'herbe. Toute la question est de savoir lequel des deux parviendra, un jour, à annexer le royaume de l'autre.

Vainqueur : Federer
Score : 7-6(7), 4-6, 7-6(3), 2-6, 6-2
Durée : 3 h 45
Le point : Le passing de revers frappé à terre par Nadal à 5-4, 15/A dans le deuxième set.
Le chiffre : 23, soit la différence entre le nombre d'aces frappés par Federer (24) et Nadal (1). L'écart le plus important dans un Fedal.

À noter : C'est le match le plus long remporté par Federer contre Nadal.
Bilan : Nadal 8 – Federer 5

N° 14

Samedi 17 novembre 2007
Masters de Shanghai

Demi-finale

Comme en 2006, Roger Federer et Rafael Nadal, après s'être affrontés lors des finales de Roland-Garros et de Wimbledon – pour des résultats identiques –, se sont donc perdus de vue pendant quelques mois, avant de se retrouver à l'automne en demi-finale du Masters. Pour un résultat, on vous le dit tout de suite, là encore identique à celui de l'année précédente. Inutile ici de faire traîner plus longtemps le suspense : on parle là du Fedal le plus rapide de l'histoire. Une demi-finale jouée et gagnée à toute berzingue par Federer, aidé en cela par la surface très rapide du Qi Zhong Stadium de Shanghai, mais porté surtout par une prestation purement exceptionnelle, notamment au service (83 % de premières balles) et en coup droit.

Une manière pour lui de remettre les pendules à l'heure car depuis son titre à l'US Open deux mois plus tôt, Federer, ô sacrilège, a perdu trois matchs, et pas contre Nadal : deux contre David Nalbandian (sur dur indoor) au Masters Series de Madrid, en finale, puis de Paris-Bercy, en huitième ; et le troisième contre Fernando Gonzalez pour son premier match de poule à Shanghai. C'était d'ailleurs la première fois qu'il perdait deux matchs d'affilée en tant que n° 1 mondial. Suffisant pour délier certaines mauvaises langues accolant pour la première fois le mot « déclin » à son sujet. En 2007, par une amusante coïncidence, Nadal lui aussi a été battu deux fois par le même Nalbandian à Madrid, en quart, puis à Paris, en finale. Et il y a un autre joueur qui, un peu plus tôt, a réussi l'exploit de battre Nadal et Federer dans le même tournoi (celui de Montréal) : Novak Djokovic, menace de plus en plus précise pour les deux meilleurs joueurs du monde.

Même à une période de l'année qui lui est moins favorable, même s'il a lui aussi souffert pour se qualifier pour les demi-finales (il serait d'ailleurs passé à la trappe si le résultat du dernier match de poule entre David Ferrer et Richard Gasquet ne lui avait pas été favorable), et même avec les deux genoux bandés en souvenir de douleurs qui l'ont handicapé durant la fin de l'été nord-américain, Nadal a également à cœur de bien finir la saison. Il est loin de se présenter en victime expiatoire, malgré son habituelle prudence d'usage : *« Si Roger joue bien, en indoor, je n'ai aucune chance.* » Propos qui ont d'ailleurs conduit Roger à le tacler gentiment : « *Si je suis à mon top, d'accord, je suis sans doute favori. Mais Rafa a toujours cette tendance à rejeter la pression sur son adversaire. Ce n'est sans doute pas intentionnel. Mais on sait tous qu'il est un peu plus qu'un joueur de terre battue...* »

De fait, Nadal le prouve lors d'un début de match plutôt à son avantage : jusqu'à 4-4, c'est lui qui a les meilleures occasions. Il mène notamment 0/30 à 2-2 (quatre aces d'affilée lui sifflent alors aux oreilles...) et obtient une balle de break à 3-3, sur laquelle il manque un passing de coup droit à sa portée. Entre les deux titans, le combat est réel. Et puis, à 5-4, l'Espagnol effectue un mauvais jeu de service ponctué de deux fautes directes alors qu'il n'en a commis qu'une au cours des neuf premiers jeux.

À partir de là, c'est une véritable tornade qui déferle sur lui. Libéré par le gain de cette première manche, le Suisse se met en mode « FedExpress ». Il remporte 20 points sur 21, dont 14 consécutifs, enchaîne les service-volées et les coups droits gagnants comme à la parade, en prenant la balle de plus en plus tôt et en s'arrêtant à peine entre les points. Une masterclass absolue. Tout va beaucoup trop vite pour Nadal, asphyxié. Groggy. K.-O. « *Il m'a tué* », résumera la victime, après avoir rendu son dernier souffle.

« Parfois, je me surprends moi-même », déclare pour sa part le Suisse qui, après avoir remporté sa victoire la plus longue contre Nadal à Wimbledon, enchaîne donc avec sa victoire la plus expéditive face au même adversaire. *« Même jeune, j'avais ce talent qui fait qu'une fois lancé, je suis difficile à arrêter. Sauf qu'avant, cet état de grâce ne durait pas très longtemps. Maintenant, j'arrive à le prolonger, même contre les meilleurs. »*

Il le prolongera suffisamment pour survoler également la finale face à un autre Espagnol, David Ferrer (6-2, 6-3, 6-2). Et décrocher ainsi son quatrième titre au Masters, à seulement 26 ans.

Vainqueur : Federer
Score : 6-4, 6-1
Durée : 59 minutes
Le point : Le passing de revers « chipé » croisé et gagnant de Federer à 1-0, 0/15 dans le deuxième set.
Le chiffre : 14, soit le nombre de points inscrits consécutivement par Federer entre la balle de premier set et 3-0, 0/15 dans le deuxième set.
À noter : C'est le Fedal le plus court, le seul qui a duré moins d'une heure.
Bilan : Nadal 8 – Federer 6

N° 15

Dimanche 27 avril 2008
Monte-Carlo

Finale

Il est des signes annonciateurs de printemps qui ne trompent pas. La floraison des jonquilles, le vol des hirondelles… et, désormais, un Fedal en finale de Monte-Carlo. Voilà donc trois ans d'affilée que Roger Federer et Rafael Nadal se retrouvent en finale sur le Rocher, un record absolu. Un rendez-vous en marge duquel les deux hommes sont plus que jamais appelés à remettre l'église au centre du village. Aucun des deux n'a remporté le moindre titre lors du premier trimestre sur dur, surclassés notamment en demi-finales de l'Open d'Australie par Jo-Wilfried Tsonga (pour Nadal) et par Novak Djokovic (pour Federer), vainqueur de son premier titre du Grand Chelem à 21 ans. L'Espagnol, qui vient également de s'incliner sèchement en finale à Miami face à Nikolay Davydenko, n'a plus soulevé le moindre trophée depuis Stuttgart, huit mois plus tôt.

Federer n'était plus rentré bredouille de ce premier trimestre depuis 2002. Désormais, les corbeaux annonciateurs de son déclin commencent sérieusement à croasser autour de lui, ce qui agace profondément l'intéressé, victime durant l'intersaison d'une mononucléose dont il peine à faire réaliser l'impact aux observateurs. À l'aube de cette nouvelle saison sur terre battue, il a fait appel à un nouveau consultant de choix : l'ancien joueur espagnol Jose Higueras, coach de Michael Chang et Jim Courier lors de leurs succès à Roland-Garros. Le message est clair…

Celui-ci n'a pas tardé à produire son effet puisque Federer a renoué avec la victoire – sans vraiment convaincre, cela dit – à Estoril, où il avait exceptionnellement décidé de lancer sa saison sur terre battue. L'enchaînement avec Monte-Carlo a toutefois été compliqué pour le Suisse. Au 1er tour, il s'est retrouvé mené 4-0 dans le troisième set face au qualifié espagnol Ruben Ramirez Hidalgo, qui s'est même permis un coup entre les jambes totalement gratuit, l'air de dire *« trop facile de battre Federer »*. Grave erreur : Roger, le regard noir, n'a pas moufté mais décidé de donner une leçon à cet insolent en s'imposant sur le fil, au jeu décisif. Il a ensuite retrouvé la plénitude de son talent pour dominer Gaël Monfils, David Nalbandian et Novak Djokovic, qui a étrangement abandonné en demi-finale, alors qu'il était mené 6-3, 3-2, et qui est sorti sous les sifflets.

Bref, Roger, la peau tannée, est bien rodé à l'heure de passer au révélateur Nadal, lequel, aussi sûrement qu'une primevère, a retrouvé toutes ses couleurs aussitôt le pied posé en Principauté. Ses genoux toujours strappés ne l'ont pas empêché de progresser sans perdre un set jusqu'en finale, malgré un tableau pas vraiment parsemé de roses, ou alors très épineuses (Mario Ancic, Juan Carlo Ferrero, David Ferrer et Nikolay Davydenko).

Le début de match est l'occasion pour Federer de mettre en place la technique de l'arroseur arrosé : il gagne le tirage au sort, choisit de recevoir et breake d'entrée. L'Espagnol recolle aussitôt. Mais cette entame est plutôt à l'avantage du Suisse qui réussit l'exploit de commettre moins de fautes directes que son rival sur terre battue. Du moins, jusqu'à un nouveau break réussi pour mener 4-3. Mais une nouvelle fois, son tort est de replonger immédiatement dans ses erreurs. Nadal débreake encore illico et finit au sprint ce premier set (7-5).

Le deuxième set est un miroir grossissant du premier. Federer se détache 4-0, peut-être en pratiquant le meilleur tennis de sa vie sur terre battue. Mais que ne lui faut-il pas réaliser comme miracles, au filet notamment, pour signer pareil chef-d'œuvre… Sur la durée, un tel niveau est très compliqué à tenir, sinon impossible. *« À ce moment-là, je me disais que quitte à perdre le set, autant essayer de "bien" le perdre,* expliquera pour sa part l'Espagnol. *Alors, je suis rentré un peu plus dans le terrain pour l'empêcher de continuer de jouer à sa main.* »

Le triple vainqueur de Roland-Garros sonne la révolte d'un coup droit gagnant décoché au bout d'un échange éreintant et ponctué d'un « *youhou !* » admiratif de Federer. Rafa revient à 4-4 en remportant 16 points sur 19. De frustration, Roger n'est pas loin de balancer une balle dans la Méditerranée voisine après avoir raté une balle d'égalisation à 6-6. Quatre points plus tard, un dernier revers hors limite signe sa perte.

À 21 ans, Rafael Nadal devient le premier joueur à remporter quatre fois d'affilée le tournoi de Monte-Carlo depuis le Néo-Zélandais Anthony Wilding entre 1911 et 1914, qu'on est bien obligé de compter dans les statistiques même si cela revient à comparer l'incomparable. C'est son 24e titre au total, son 10e en Masters Series. Et, accessoirement, sa victoire en double aux côtés de Tommy Robredo lui permet de signer un doublé inédit en Masters Series depuis Jim Courier à Indian Wells en 1991.

Vainqueur : Nadal
Score : 7-5, 7-5
Durée : 1 h 43

Le point : Le petit passing de revers de Nadal joué à une main sur la balle de premier set à 6-5, 15/40.
Le chiffre : 53, soit le pourcentage de points marqués par les deux hommes derrière leur service (59 % pour Nadal, 48 % pour Federer). Leur plus faible pourcentage dans un Fedal.
À noter : C'est leur troisième finale consécutive à Monte-Carlo, du jamais vu en Principauté.
Bilan : Nadal 9 – Federer 6

N° 16

DIMANCHE 18 MAI 2008
HAMBOURG

Finale

À ce stade de leur rivalité, voilà longtemps que la question ne se pose plus de savoir qui est le favori dans un match entre Rafael Nadal et Roger Federer sur terre battue. Mais ici, au Am Rothenbaum de Hambourg, un doute subsiste malgré tout. Parce que c'est là que Roger a enfin réussi à battre l'Espagnol sur ocre, un an plus tôt. Parce que Federer est un peu chez lui en Allemagne, et l'on n'évoque pas ici sa langue maternelle, le suisse allemand, mais plutôt le fait qu'il y a remporté neuf titres en autant de finales et reste sur une série de 41 victoires consécutives. Et parce qu'il paraît plus à l'aise sur la terre battue de Hambourg que sur celle implantée dans les pays latins, plus vivace, et plus favorable aux purs lifteurs.

En plus, comme l'an dernier, Nadal arrive en finale au sortir d'une demie éreintante, cette fois face à Novak Djokovic qui lui a donné une réplique magistrale pendant plus de trois heures (7-5, 2-6, 6-2), lors d'un match qui avait pour enjeu supplémentaire la place de n° 2 mondial. Le Serbe, vainqueur de son premier Grand Chelem en Australie, veut instaurer un ménage à trois, quitte à briser l'harmonie du couple fedalien. En s'imposant à Rome, où Nadal, victime d'ampoules et fatigué, avait baissé pavillon dès son entrée en lice face à Juan Carlos Ferrero, il s'était considérablement rapproché de cette deuxième place, la chasse gardée de Nadal depuis juillet 2005. Le Majorquin n'a-t-il pas tout donné dans cet intense combat pour préserver sa place de dauphin ?

C'est l'impression que donne le début de match complètement à l'avantage de Federer qui, dans la lignée d'une semaine en roue libre (neuf jeux perdus au total pour arriver en finale, sans avoir il est vrai croisé la moindre tête de série), se détache 5-1 en pratiquant un tennis offensif parfait, face à un Nadal un peu raplapla. Son seul tort : un petit péché de gourmandise sur une balle de set à 5-1, manquée sur son service d'une volée liftée de coup droit hors des limites du court.

Simple péripétie, se dit-on, d'autant que si Nadal refait dans la foulée l'un de ses breaks de retard, il prend un temps mort médical au changement de côté suivant (alors qu'il est mené 5-2) pour ce qui s'apparente à une contracture à la cuisse droite. Tout le monde est inquiet pour lui, à commencer par Toni Nadal qui semble même lui faire signe d'arrêter. Et pourtant, cette pause médicale requinque Nadal autant qu'elle semble couper net l'élan de Federer. L'Espagnol sauve brillamment une deuxième balle de set à 5-3, d'un coup droit en pleine lucarne, puis aligne sept jeux d'affilée qui lui valent de remporter ce premier set (7-5) et de breaker d'entrée de deuxième set.

Federer, qui ne cache plus sa mauvaise humeur, finit par stopper l'hémorragie et sa réaction est cinglante. Il débreake aussitôt, aligne 12 points sur 13 et le voilà à nouveau largement en tête dans ce set (5-2). Mais cette fois encore, il ne parvient pas à conclure, ce qui l'irrite au point de balancer successivement deux balles en tribunes. Il n'y a vraiment que Nadal pour le mettre dans des états pareils. Nadal qui prend sur sa lancée le meilleur départ lors du jeu décisif dont il remporte les deux premiers points... avant de caler subitement. Federer l'emporte 7 points à 3. Un set partout. Ce match est décidément bien difficile à décrypter.

À l'amorce du troisième set, on pense Federer plus frais et plus en confiance. Mais comme dans ce match rien ne semble devoir se passer conformément à ce que l'on attend, c'est bien Nadal qui démarre pied au plancher et breake dès le quatrième jeu pour se détacher 3-1, puis 4-1. Federer sauve brillamment une balle de 5-1 puis a même une balle de débreak pour revenir à 4-3. Un ultime sursaut. Le dernier haut-le-cœur dans une finale en forme de montagnes russes, qui aura à tout moment surfé entre le superbe et l'illisible. Au bout du compte, Nadal retrouve un peu de « normalité » pour conclure sur un jeu blanc, 6-3. Presque une surprise, au vu de cet improbable scénario. *« Après mon match de la veille, c'était un peu dur pour moi physiquement et mentalement de repartir,* commentera-t-il. *Heureusement, Roger m'a bien aidé dans le premier set et ensuite, tout s'est remis en place. »*

Rafael Nadal remporte ainsi son 26e titre, son 21e sur terre battue, mais celui-ci a une saveur particulière : d'abord parce que c'est son 11e Masters Series, ce qui fait de lui l'égal de Pete Sampras. Mais surtout parce que c'est le seul des trois gros Masters Series sur terre battue qui manquait encore à son palmarès. Nadal rejoint ainsi Gustavo Kuerten et Marcelo Rios dans le club fermé des joueurs ayant réussi ce joli triplé terrien. Juste à temps, puisque c'est la dernière année que le tournoi allemand possède ce statut de Masters Series.

Vainqueur : Nadal
Score : 7-5, 6-7(3), 6-3
Durée : 2 h 52
Le point : Le revers ultra-court croisé (et gagnant) de Nadal sur sa première balle de match à 5-3, 40/0 au troisième set.

N° 16 – Hambourg 2008

Le chiffre : 33, soit le nombre de coups gagnants réussis par Nadal. Son record contre Federer dans un match en deux sets gagnants.
À noter : C'est le plus long Fedal en deux sets gagnants.
Bilan : Nadal 10 – Federer 6

N° 17

Dimanche 8 juin 2008
Roland-Garros

Finale

Avant même d'être joué, ce Fedal, le 17e du genre, est historique puisque c'est la première fois dans l'histoire de Roland-Garros que deux mêmes joueurs se retrouvent en finale de trois éditions consécutives. Il est aussi empreint d'une solennité particulière : on fête en effet les 80 ans du stade, une commémoration dignement célébrée avant le match par le défilé d'une brochette d'anciens champions sur le court Philippe-Chatrier – dont Gustavo Kuerten, qui fait aussi ses adieux à la compétition –, le tout salué par le passage dans les airs de la Patrouille de France.

Le décor, grandiose, est planté. Après leurs deux finales, plutôt serrées, à Monte-Carlo puis à Hambourg lors de cette saison printanière sur terre battue, Roger Federer et Rafael Nadal paraissent au coude-à-coude. Même si l'avantage reste bien sûr du côté du roi de la terre battue qui s'est montré plus souverain que jamais, battant le vieux record de Borg du plus petit nombre de jeux concédés pour arriver en finale : 25 en tout, dont trois misérables petites unités face à ses compatriotes Fernando Verdasco (6-1, 6-0, 6-2) en huitième et Nicolas Almagro en quart (6-1, 6-1, 6-1). Le seul qui lui a donné une réplique honorable reste, en demi-finale, Novak Djokovic, qui a même obtenu une balle de troisième set avant de s'incliner 6-4, 6-2, 7-6(3). Cela dit, c'est bien contre le jeune Serbe que Nadal estime avoir disputé, dans les deux premiers sets, *« le meilleur tennis de toute ma vie sur terre battue »*, c'est dire ! À tout juste 22 ans, et même si ses genoux sont toujours strappés (par prévention), il semble plus fort que jamais.

Federer, lui, ne s'est pas montré aussi fluide. Il a cédé un set au 2e tour à l'Espagnol Albert Montañes, un autre en quart au Chilien Fernando Gonzalez et un dernier ensuite au Français Gaël Monfils, épatant demi-finaliste à 21 ans. Mais après tout, il n'a pas passé beaucoup plus de temps sur le court que son rival (13 h 07 contre 12 h 50). Et puis, comme ne manque jamais de le rappeler Nadal lui-même, c'est encore lui le nº 1 mondial. *« C'est même le meilleur nº 1 mondial de tous les temps. Et moi, je suis le meilleur nº 2 de tous les temps »*, ainsi que l'a joliment formulé le Majorquin. Voilà un teasing parfait pour cette finale…

Pour donner le coup d'envoi, le soleil darde quelques rayons dans le ciel parisien jusqu'alors cerné de grisaille. Les deux premiers jeux sont longs, pas loin d'un quart d'heure. Problème pour Federer : il les perd tous les deux, pris à la gorge par un Nadal chaud comme la braise d'entrée de jeu alors que lui-même n'a pas encore eu le temps de dégourdir son coup droit. *In extremis*, le Suisse sauve deux balles de double break. Mais une nouvelle rafale de Nadal lui saute alors à la figure. En un tour de main, il perd huit points d'affilée. L'Espagnol est sensationnel, vraiment. Particulièrement du côté de son revers que l'on n'a jamais vu aussi précis, aussi puissant. Aussitôt que Federer, par réflexe, l'attaque de ce côté-là, Nadal réplique par une salve de passings ou de lobs d'une perfection diabolique. C'est simple, il ne rate rien. À l'inverse du Suisse qui commet un certain nombre de maladresses au filet, comme cette bourde en volée de coup droit qui lui coûte le premier set (6-1).

Nadal, dont le débardeur vert sied assez bien au match de Martien qu'il est en train de réussir, continue sur sa lancée au début du deuxième set dont il remporte huit des neuf premiers points pour mener 2-0. À ce stade, Federer n'a toujours pas remporté le moindre point sur sa deuxième balle de service ! Mais il a son orgueil, outre bien sûr ce talent hors pair qui lui permet enfin de réagir et de débreaker grâce à un revers court croisé assez génial. Son égalisation à 2-2 est acquise grâce à un enchaînement amortie de coup droit/volée de revers, salué par un tonnerre de *« Roger, Roger ! »* tombé des tribunes.

À propos d'amortie, le Suisse semble avoir trouvé là une petite faille susceptible de percer la cuirasse adverse. Amusant, pour ceux qui se souviennent que, plus jeune, Roger considérait ce coup comme un aveu de faiblesse. Mais comme on dit, il n'y a que les imbéciles qui ne changent pas d'avis. Ici, il ne se prive pas de planter quelques carottes, notamment à la volée, et à contretemps. Il semble enfin avoir trouvé l'inspiration, et le combat tant attendu a lieu. Le n° 1 mondial fait le match jusqu'à 3-3, jeu dans lequel il se procure une précieuse balle de break. Mais là, pris à son propre jeu, c'est lui qui négocie mal une amortie adverse en expédiant son revers dans la bande du filet alors qu'il était nettement sur la balle. C'est dur à croire, presque pénible à écrire : mais à partir de là, Roger Federer ne va plus inscrire le moindre jeu du match…

En face, ce filou de Nadal a flairé l'odeur du gibier. À 4-3, il se rue sur sa proie en enchaînant deux séquences parfaitement symétriques : retour dans les pieds/passing gagnant, l'un côté revers, l'autre côté coup droit. Le tout paraphé d'un magnifique passing de revers réflexe pour breaker puis conclure ce deuxième set sur son service (6-3). Terrifiant de simplicité, de perfection et d'efficacité. Le match, que l'on croyait enfin lancé quelques minutes auparavant, est déjà terminé.

Car le troisième set, lui, ne se raconte pas. Il s'apparente à une lancinante exécution de Federer qui ressemble à un souriceau pris dans les griffes d'un gros chat. Et qui paraît, à vrai dire, vite résigné. Peut-être un peu trop vite, d'ailleurs. À 3-0, pendant le changement de côté, Nelson Monfort, l'intervieweur maison de France Télévisions, va même d'ores et déjà recueillir les réactions en tribunes de Toni Nadal, qui l'expédie gentiment. Trois points plus tard, un coup droit boisé de Federer est toutefois salué par une bordée de sifflets.

Pour être honnête, il est temps pour tout le monde que cela se termine et Nadal, bon prince, abrège les souffrances de son adversaire : 6-0, un score que Federer n'avait plus encaissé depuis le tournoi du Queen's en 1999, contre Byron Black. Il n'avait alors même pas 18 ans. Avec quatre petits jeux inscrits en tout, il vient d'être le héros malheureux de la deuxième plus courte finale de l'histoire de Roland-Garros – en nombre de jeux –, après celle de 1977 entre Guillermo Vilas et Brian Gottfried (trois jeux marqués par ce dernier). Voilà qui ne correspond en rien à son standing. Oui, même Federer connaît des moments de solitude sur un court de tennis…

Par respect pour lui, Nadal se montre d'ailleurs plus sobre que d'habitude dans sa célébration. Deux bras brièvement levés au ciel et un léger sourire suffiront. Et pourtant, c'est peu dire qu'il rentre encore un peu plus dans la légende à ce moment-là. Avec quatre titres consécutifs à Roland-Garros, il réalise un exploit que seul Björn Borg avait réussi avant lui. Il devient aussi le premier joueur à remporter le tournoi sans perdre un set depuis ce même Borg en 1978 et 1980 (Ilie Nastase avait fait de même en 1973). L'illustre champion suédois était à Wimbledon un an plus tôt pour voir Federer égaler ses cinq titres consécutifs dans le Temple. Il est encore là à Paris pour assister à cet autre passage de témoin. C'est d'ailleurs lui qui remet la coupe des Mousquetaires à Rafael Nadal.

Un Nadal évidemment pas peu fier après sa performance, au point de se laisser aller à une rare déclaration d'auto-satisfaction sur son match, qualifié (à juste titre) de *« quasi parfait »*. Surtout, l'Espagnol semble heureux d'avoir démontré une panoplie tennistique bien plus riche que celle à laquelle trop de gens le pensaient cantonné jusque-là. *« J'ai joué beaucoup plus à l'intérieur du court et j'avais plus souvent le contrôle des points que d'habitude. C'est là-dessus que je me suis amélioré. Je crois avoir montré autre chose qu'un jeu classique de terrien qui se met deux mètres derrière sa ligne et se contente de renvoyer des balles hautes et liftées.* »

Une analyse que personne n'infirme, surtout pas Roger Federer qui, désespéré mais lucide, note en sus les progrès de son rival en retour de service : « *Je ne pense pourtant pas avoir mal servi mais j'avais énormément de mal à tenir mes engagements. C'est cela qui m'a mis dans un grand sentiment d'inconfort et qui m'a, je pense, coûté le match.* »

L'un pour mesurer l'étendue de ses progrès, l'autre pour tourner la page au plus vite, les deux hommes semblent, en tout cas, déjà très impatients de se tourner vers Wimbledon…

Vainqueur : Nadal
Score : 6-1, 6-3, 6-0
Durée : 1 h 48
Le point : Le lob de revers millimétré de Nadal à 3-0, 0/0 dans le troisième set.
Le chiffre : 7, soit le nombre de fautes directes commises par Nadal dans cette finale. Son record absolu dans un Fedal.
À noter : C'est le seul set gagné 6-0 par Nadal contre Federer.
Bilan : Nadal 11 – Federer 6

N° 18

Dimanche 6 Juillet 2008
Wimbledon

Finale

Il pleut sur Londres. Chose la plus banale du monde pour une journée qui, elle, s'annonce extraordinaire. Federer-Nadal en finale de Wimbledon. Encore. Comme en 2006 et en 2007. Comme à Roland-Garros durant la même période. C'est leur sixième finale de Grand Chelem commune, d'ores et déjà un record dans l'ère Open, devant les cinq Lendl-Wilander et les cinq autres Sampras-Agassi. Ensemble, en se poussant mutuellement, Nadal et Federer continuent de repousser toutes les limites.

Après la fessée reçue par son rival en finale de Roland-Garros (6-1, 6-3, 6-0), Roger Federer a parfaitement reverdi sur gazon, sa surface favorite. Il s'est imposé à Halle et a atteint sa sixième finale consécutive à Wimbledon sans perdre un set. En tout, il n'a cédé que deux fois son service, et aucune fois en deuxième semaine face à des adversaires du calibre de Lleyton Hewitt, Mario Ancic et Marat Safin. Depuis 2003, il en est à 65 victoires de suite sur sa surface de prédilection, dont 40 à Wimbledon, où il vise un sixième titre consécutif, exploit seulement réalisé par le Britannique William Renshaw entre 1881 et 1886. Il y a plus d'un siècle...

Nadal, lui, a parfaitement réussi la périlleuse transition entre la terre battue et le gazon. Il a remporté le Queen's la semaine suivant Roland-Garros, un enchaînement inédit – avant lui, Ilie Nastase avait réussi le même doublé en 1973, mais pas d'une semaine sur l'autre – et qui en dit long sur son niveau de confiance. S'il a abandonné un set à Ernests Gulbis au 2e tour, il a ensuite surclassé Andy Murray en quart et l'Allemand Rainer Schuettler en demie, l'une des grandes surprises de cette édition. Le voilà fin prêt pour tenter une nouvelle fois l'un des plus grands exploits du tennis, celui-là même qu'il avait frôlé en 2007 : réussir le doublé Roland-Garros/Wimbledon, ce que personne n'a fait depuis Björn Borg en 1980. Lequel est présent, comme il en a pris l'habitude, pour voir ces deux-là continuer d'écrire l'histoire sous ses yeux.

Ce jour-là, donc, il pleut sur Londres. La pose du toit au-dessus du Centre Court n'étant prévue que pour l'année prochaine, le coup d'envoi de la finale, programmé à 14 heures, est décalé d'environ 35 minutes. Il est finalement donné par Pascal Maria, premier arbitre français à officier sur une finale messieurs de Wimbledon, sous un temps grisâtre et une brise soutenue. Il en faut plus pour empêcher les deux hommes d'exprimer leur talent. Dès le premier point, ils se livrent à un échange somptueux de 14 frappes remporté par Nadal d'un coup droit gagnant. Le ton est donné.

Nadal, auteur d'un break dès le troisième jeu, ne tarde d'ailleurs pas à assiéger la forteresse – supposée – imprenable que constitue le service de Federer. Ce dernier réagit, obtient une balle de débreak dès le jeu suivant, puis deux encore à 5-4. Mais chaque fois, il commet des fautes qui ne lui ressemblent pas. On le sent sur la retenue. Il sait que son adversaire, qui joue sa troisième finale de Wimbledon d'affilée, n'a plus la candeur du néophyte. Federer n'a pas son audace habituelle. On ne le voit quasiment pas faire service-volée. Sa prudence interpelle…

Après avoir concédé le premier set 6-4, le Suisse lâche enfin le frein à main. Au début du deuxième, il concrétise une balle de break pour se détacher 3-0, puis 4-1. En vain. Nadal le marque à la culotte et revient à 4-3. Au jeu suivant, alors qu'il vient de manquer une nouvelle occasion, Federer vendange une volée de coup droit liftée et lance un *« shut up »* tonitruant (*shocking !*) à l'endroit d'un spectateur qui a cru bon de crier juste avant sa frappe. Dans son clan, la chanteuse américaine Gwen Stefani, enceinte, et son mari, le très démonstratif rockeur anglais Gavin Rossdale, font grise mine quand Nadal aligne les jeux pour mener 5-4, service à suivre.

À 5-4 30/A, la voix de Pascal Maria retentit alors que Nadal s'apprête à servir : « *Time violation, warning, Mister Nadal.* » Quelques applaudissements retentissent, puis un murmure parcourt le public du Centre Court. Nadal ne bronche pas et remporte le point d'un beau passing de revers chopé croisé, un coup pour le moins inhabituel. Mais cette fois, c'est le vent qui semble vouloir empêcher Nadal de conclure ce set. Une rafale tourbillonnante l'empêche de jouer un coup droit, l'obligeant à tenter une amortie désespérée. Quand tous les autres joueurs du monde auraient crié à l'injustice, Rafa, lui, accepte son sort. Il sauve magistralement une balle de 5-5 et remporte le deuxième set sans effusion de joie. Deux set à zéro pour Nadal, quel affront pour Federer, en grand danger chez lui, dans son jardin du Centre Court. Jamais, depuis 1927, un joueur n'est parvenu à renverser un tel handicap en finale de Wimbledon.

À 1-1 au troisième set, on craint pourtant pour Nadal qui chute lourdement sur un contre-pied et demande illico l'intervention rapide du kiné, lequel viendra le manipuler au genou droit au changement de côté. Federer tente d'appuyer là où ça fait mal et se procure deux balles de break au jeu suivant. Puis quatre encore à 3-2. Mais une nouvelle fois, il les négocie mal, pour ne pas dire très mal. Terriblement frustré, il n'est pas loin de saborder ensuite son propre jeu de service. À 3-3, il se retrouve mené 0/40. Autant dire presque trois balles de match. Mais cette fois, c'est au tour de Nadal de gaspiller ses occasions. Federer tient le choc et pousse un cri de soulagement qui déchire le ciel londonien, bientôt zébré d'éclairs menaçants. À 5-4 pour le Suisse (sans break), la pluie se remet à tomber. Le match est interrompu. Il le sera pendant une bonne heure.

On dit que ce genre d'interruption bénéficie souvent au joueur le plus en difficulté. Le Suisse, en tout cas, en profite pour retrouver ses esprits. Aux vestiaires, il s'épanche auprès de son entraîneur Séverin Lüthi mais aussi de sa fiancée Mirka Vavrinec, qui sait trouver les mots justes. Quand il revient sur le court, le n° 1 mondial a l'air plus concentré. Il est d'ailleurs tellement dans sa bulle qu'il se trompe de côté au moment de reprendre le jeu. Mais dans sa tête (comme dans le ciel), la lumière est revenue. Dès le jeu de reprise, à 5-4, il passe à deux points du set et fait finalement la différence lors d'un jeu décisif rondement mené (7-5). Deux sets à un. Tout est relancé.

La finale entre alors dans une autre dimension. Au diapason de Federer, le niveau de jeu et l'intensité montent de plusieurs tons. Les deux champions se rendent coup pour coup dans un quatrième set où les serveurs font la loi, du moins jusqu'à 5-4, 0/30 où l'Espagnol s'approche à deux points de la victoire. Avec le soutien massif du public, qui n'a d'évidence rien contre Nadal mais qui veut simplement voir ce splendide bras de fer se prolonger, Roger s'en sort. Et l'on en arrive ainsi à nouveau au jeu décisif. Irrespirable.

À 5 points à 2, double mini-break en sa faveur, Nadal prend à nouveau une sérieuse option. Mais il sert alors une toute petite deuxième balle (133 km/h) qui heurte la bande du filet et, déviée par l'effet, rebondit juste à côté du carré de service : double faute. Sa deuxième du match, au pire moment. Nadal sourit jaune, comme son père et son oncle entraîneur qui, en tribunes, ont senti sa fébrilité. Federer aussi, bien sûr. Le Suisse bondit sur l'occasion pour effacer son second mini-break de retard. Ce qui provoque chez Nadal une réaction rarissime, à savoir l'esquisse d'un mouvement de jet de raquette. Oh, bien sûr, c'est très furtif. En un claquement de doigts, il a retrouvé ses esprits. Et son âme guerrière.

À 6-5, Federer manque une balle de set sur une accélération de coup droit trop décroisée. Puis une autre erreur en coup droit offre une balle de match à Nadal. Mirka Vavrinec serre les poings, implorant tous les dieux du tennis d'accorder un sursis à son compagnon, qui sauve cette balle de match d'un service gagnant. 7-7. Là, Federer croit faire la différence sur une accélération de coup droit plein fer. Mais Nadal revient du diable vauvert pour catapulter en extension une ogive de passing de coup droit pile devant lui. Le Centre Court se lève comme un seul homme. Monumental ! Et ça fait 8-7, deuxième balle de match pour l'Espagnol, mais cette fois sur son service. Pas le moment de faire dans la fantaisie : service slicé de gaucher sur le revers de Federer, qui retourne « chipé » court, puis coup droit croisé sur le revers suivi d'une montée au filet, à l'ancienne. Presque perdu pour perdu, Roger déclenche à son tour une merveille de missile de revers téléguidé qui file en droite ligne pour s'écraser dans la lucarne d'en face. Passing gagnant, là encore ! Les deux plus beaux passings du match, du tournoi même, décochés successivement au moment le plus chaud. Ces deux joueurs sont décidément faits d'un autre bois…

Électrisé par son coup de génie presque miraculeux, Federer enchaîne avec un nouveau coup droit gagnant ; 9-8, deuxième balle de set. C'est la bonne. Rafa sort son retour de revers. Roger bondit de joie. Dans les tribunes, c'est l'éruption. Deux sets partout. De sublime, cette finale devient désormais légendaire. Avec ce jeu décisif à rallonge, ce niveau de jeu fabuleux et cette fantastique dramaturgie, elle évoque déjà irrémédiablement celle entre Björn Borg et John McEnroe en 1980. Et ce n'est pas fini…

Avant d'attaquer au service le cinquième set, Federer s'offre une petite pause fraîcheur aux vestiaires. Quand il revient, ce sera pour peu de temps : à 2-2, 40/A, la pluie, tel un *deus ex machina*, fait une nouvelle apparition. Pour environ une demi-heure. Le score indique alors une égalité parfaite mais la balance penche désormais en faveur de Federer. Chacun se demande comment Nadal pourra se remettre d'avoir laissé filer une telle avance face au maître des lieux. À commencer par son oncle, Toni, qui se précipite pour le retrouver dans les vestiaires, catastrophé… Mais il est alors très surpris par l'état de calme et de concentration dans lequel il y retrouve son champion de neveu. Ce dernier s'attend-il à être sauvé des eaux à son tour ?

À la reprise, Federer enfonce le clou en claquant deux aces avant d'obtenir au jeu suivant une précieuse balle de break. Mais Rafa écarte le danger d'un smash rageur. Derrière, à 3-3, 15/40, c'est à son tour de se procurer deux belles occasions. En vain, là encore. Et le score poursuit ainsi son cours, inexorablement. 4-4, 5-5, 6-6… Alors que la lumière décline dangereusement, rajoutant au chef-d'œuvre une dimension presque angoissante.

Plus le sprint final approche, plus on a toutefois le sentiment que Nadal a retrouvé tout son éclat.

Son égalisation à 7-7, actée d'un coup droit gagnant décoché au bout d'un échange phénoménal, est saluée par une célébration musclée, presque animale. Quelque chose a changé dans son regard, à nouveau plus ténébreux, plus habité. Federer l'a-t-il perçu aussi ? Toujours est-il que 7-7, mis dans les cordes par un double uppercut de points gagnants au menton, le Suisse part à la faute en coup droit. Plusieurs fois. Et c'est le break. À 8-7, Nadal va servir pour le match.

À ce stade, l'obscurité est telle que le Hawk-Eye a cessé de fonctionner. Les deux joueurs ne disent rien mais Pascal Maria, sur sa chaise, a déjà pris sa (terrible) décision : soit Nadal conclut sur ce jeu, soit la suite sera remise au lendemain. À la bougie et avec des balles neuves, Nadal, qui réfute toute idée de nouvelle interruption dont il estime qu'elle lui serait cette fois fatale, s'en va au pas de charge disputer le jeu de service le plus important de sa vie. Il est accompagné par des « *Rafa, Rafa* » descendant des tribunes.

L'Espagnol n'y voit fichtrement rien mais, à vrai dire, ce n'est peut-être pas plus mal tant il est gangrené par le stress. Mené 0/15, il décide alors de tenter au culot – et par pure impulsion – son tout premier service-volée du match. Et comme il en est récompensé, c'est encore au filet qu'il vient cueillir le point suivant. Le message est clair : Nadal a décidé d'aller lui-même à la rencontre de son destin. Quitte à s'emmêler les pinceaux, à l'instar de cette volée réflexe manquée (à 30/15) alors que le passing de Federer semblait voué à sortir. Peu importe. Dans ce crépuscule galopant, il faut y aller.

40/30 désormais. Balle de match. La première du jeu, la troisième en tout. Le Majorquin est surpris par un impeccable retour bloqué de revers. Un service gagnant lui offre une nouvelle possibilité, pendant que son oncle tourne dans son box comme un lion en cage. Quatrième balle de match, donc. Échaudé par la précédente, Nadal opte cette fois pour le service au corps. Federer ne se laisse pas surprendre et se voit même offrir, derrière son retour, une ouverture en coup droit. Là, le Suisse hésite. Croisé, décroisé ? Il prend finalement la première option. Mais sa micro-hésitation lui est fatale : son attaque reste dans le filet. Il est 21 h 16. Nadal vient de terrasser Federer au bout d'un monument absolu.

Fauché par l'émotion *« la plus forte de* [s]*a carrière »*, secoué de spasmes et de sanglots, l'Espagnol s'écroule sur la pelouse du Centre Court, ce théâtre des rêves de son enfance. Il file ensuite escalader les gradins pour rejoindre les siens. La première accolade est pour son père, puis sa mère et son oncle, et enfin le reste de son équipe, sous les applaudissements polis du clan Federer, assis dans la même box, une rangée devant – une spécificité de la tribune des joueurs à Wimbledon.

Puis, ceint d'un drapeau espagnol jeté par un spectateur, Rafa fait fi du protocole et poursuit son escapade jusqu'à la Royal Box, d'où il reçoit les félicitations du prince héritier d'Espagne et de son épouse, Letizia. Drôle de scène que celle de ce guerrier extatique arpentant les tribunes comme un funambule entre ciel et terre, dans une ambiance crépusculaire illuminée par le crépitement des flashes projetant au décor un contraste d'ombres et de lumières absolument saisissant. La noirceur de l'enfer et le halo du paradis figés dans une image d'éternité.

Le paradis pour Nadal, juché sur le toit du monde. L'enfer pour Federer, hagard sur sa chaise, groggy, le regard vide. « *Là je ne ressens plus rien, je suis juste brisé,* avouera-t-il plus tard. *Perdre ici, pour moi, c'est un désastre.* » Une défaite dont il mettra un peu plus de temps que d'habitude à se remettre, puis à expliquer les ressorts cachés. « *Je crois avoir perdu à cause des deux premiers sets, que j'ai joués sans avoir la totale conviction que j'allais gagner ce match,* confiera-t-il ainsi dans le documentaire *Stroke of Genius*, consacré à ce match légendaire. *Inconsciemment, la finale de Roland-Garros pesait encore dans mon esprit. Il a fallu la pluie au troisième set pour me réveiller.* » Mais trop tard…

Dans son autobiographie, Nadal parlera lui aussi de l'interruption pluvieuse du cinquième set comme d'un moment clé. Et notamment de ce fameux échange dans les vestiaires avec son oncle Toni. « *De toute évidence, Toni avait supposé que je serais dévasté par les occasions manquées dans les troisième et quatrième sets. Il se trompait. Il réagissait selon le scénario de l'année dernière, obnubilé comme le reste de ma famille par l'état dans lequel j'étais après ma défaite. Sauf que précisément, je n'étais pas dans le même état d'esprit. Il a été surpris par ma réponse : "Détends-toi ; ne t'inquiète pas. Moi, je me sens calme. Il se peut qu'il finisse par le gagner mais moi, je ne perdrai pas ce match."* »

Il ne l'a pas perdu. Mieux, il l'a gagné… À 22 ans, Nadal décroche ainsi son cinquième titre du Grand Chelem, le premier hors Roland-Garros. Au classement, il reste n° 2 mais dans l'esprit de tous, c'est lui, désormais, le patron du tennis mondial. Ce dimanche 6 juillet 2008, le tennis ne vient pas seulement de vivre « *le plus beau match de tous les temps* », comme le clame John McEnroe, bien placé pour en parler. Il vient aussi d'être balayé par le souffle puissant d'une révolution.

Vainqueur : Nadal
Score : 6-4, 6-4, 6-7(5), 6-7(8), 9-7
Durée : 4 h 48

N° 18 – Wimbledon 2008

Le point : Impossible de dissocier le passing de coup droit long de ligne frappé par Nadal en bout de course à 7-7 au jeu décisif du quatrième set, du passing de revers réussi dans la foulée par Federer (long de ligne toujours), à 7-8, sur une balle de match.
Le chiffre : 413, soit le nombre de points disputés dans ce match. Un record pour un Fedal.
À noter : C'est le Fedal le plus long en Grand Chelem.
Bilan : Nadal 12 – Federer 6

Nº 19

DIMANCHE 1ER FÉVRIER 2009
OPEN D'AUSTRALIE

Finale

Cette année 2009 marque un premier gros tournant dans l'histoire de la rivalité entre Federer et Nadal. Pour la première fois, l'Espagnol est le mieux classé. Il a orchestré son putsch sept mois plus tôt en terrassant son meilleur ennemi lors de la finale déjà culte de Wimbledon, même s'il a dû attendre un mois de plus pour devenir officiellement le nouveau nº 1 mondial, le 18 août 2008, au lendemain d'une médaille d'or décrochée aux Jeux Olympiques de Pékin. Entre-temps, Rafa a également remporté le Masters Series de Toronto puis porté à 32 sa série de matchs victorieux, un record pour lui. Bref, il est au zénith de son talent.

Après quatre ans et demi de règne, Federer a dû laisser la main mais il s'est consolé en remportant à l'US Open son 13e titre du Grand Chelem. Un chiffre important, puisqu'il n'est plus qu'à une unité de l'homme le plus capé de l'histoire du jeu, son idole Pete Sampras. Le voilà donc avec une première occasion de rejoindre l'Américain dans la légende, à seulement 27 ans. Et puis, s'il n'est plus n° 1, Federer s'est néanmoins comporté en patron sur la route de la finale à Melbourne où, à l'exception notable d'un huitième de finale contre Tomas Berdych qui a mené deux sets à rien, il a trimballé son talent avec éclat. En quart, il a littéralement laminé Juan Martin Del Potro – qui n'a marqué que trois petits jeux – avant de surclasser en demie Andy Roddick, pourtant vainqueur auparavant du tenant du titre Novak Djokovic.

Roger arrive ainsi en finale frais et dispo, avec en sus un jour de repos supplémentaire vis-à-vis de Nadal. Lequel, à l'inverse, a considérablement puisé dans ses réserves lors d'une demi-finale épique et sensationnelle face à son compatriote Fernando Verdasco – tombeur d'Andy Murray et du finaliste sortant Jo-Wilfried Tsonga –, achevée à une heure avancée de la nuit et devenue le plus long match de l'histoire du tournoi (5 h 14). Après ce combat de titans, Nadal se trouvait dans l'état de fatigue le plus extrême de toute sa carrière, obligé de faire des soins quasiment toute la nuit et d'écourter sa séance d'entraînement le lendemain après-midi, pris de vertiges, les muscles tétanisés.

Le jour J, lors de son ultime échauffement à deux heures et demie du coup d'envoi, il ressent encore des crampes au mollet, de légers étourdissements et même des réminiscences de sa vieille blessure au pied gauche. Pour tout dire, il ne se sent pas vraiment de jouer un match de cette importance et il faut l'intervention de Toni Nadal pour le remettre d'aplomb avec un discours musclé : « *Ne dis pas que tu ne peux pas. En période de guerre, les gens font des choses qui leur semblent impossibles. Imagine seulement qu'un gars assis derrière toi dans le stade pointe son revolver sur toi et qu'il te dise que si tu ne te mets pas à courir, il va te tirer dessus...* » C'est, de mémoire de Rafael Nadal, le discours le plus vibrant que son oncle lui ait jamais tenu. Une fois arrivé sur le court, il se sent beaucoup plus léger et beaucoup plus confiant. Comme quoi, le pouvoir de l'esprit...

Sur le plan psychologique, de fait, la balance penche en faveur de l'Espagnol, qui reste le seul joueur à avoir jamais battu Federer dans une finale de Grand Chelem. Et plutôt quatre fois qu'une... Federer, et pour cause, est toujours plus nerveux à l'idée de jouer contre lui que contre n'importe qui d'autre. On en a confirmation dès le début de cette finale, disputée par une très agréable soirée estivale : quatre grosses fautes, dont une double, coûtent à Roger son service d'entrée. Heureusement pour lui, le Suisse refait son retard immédiatement. Son coup droit ne tarde pas à trouver sa pleine carburation, ce qui n'est pas le cas de sa première balle de service, moins précise et donc moins efficace que d'habitude. Ce premier set est d'ailleurs entaché d'un nouvel échange de breaks, cette fois dans l'autre sens : Federer se détache 4-2, 30/15 mais Nadal recolle, avant de faire une nouvelle différence dans le « money time » : 7/5.

Avec un set puis bientôt un break d'avance (3-2), Rafa semble lancé. Depuis le début de sa carrière, il n'a perdu qu'un match en Grand Chelem après avoir gagné le premier set (en 77 précédents), contre son compatriote David Ferrer à l'US Open 2007. Si son coup droit, manifestement remodelé à l'intersaison – avec une boucle de préparation simplifiée – reste la valeur sûre de son jeu, c'est son revers, surtout, qui impressionne. Déjà auteur de progrès invraisemblables sur ce coup ces deux dernières saisons, il paraît encore plus fort cette année, à l'image d'ailleurs de ces deux revers gagnants qui lui ont – entre autres – permis de réussir le break dans ce deuxième set.

En revanche, physiquement, Nadal, qui a toujours les deux genoux bandés, semble commencer à piocher un peu. À cause notamment de sa première double faute du match, il rend tout de suite son avantage à son adversaire. Les breaks, décidément, fonctionnent par paires dans cette finale. Sauf que cette fois, Federer ne s'arrête pas là. Il aligne les quatre derniers jeux de ce deuxième set qu'il remporte ainsi malgré un taux anormalement faible de premières balles (37 %).

Nadal décide alors de quitter le court quelques instants. À son retour, une caméra indiscrète le surprend dans les coursives de la Rod Laver Arena en train de sautiller tout en s'encourageant, à la manière d'un boxeur se dirigeant vers le ring. Dès les premiers points de ce troisième set, il remet de l'intensité, ce qui se voit et s'entend aux mugissements décuplés qu'il pousse à chaque frappe. Federer réplique. Les deux joueurs, désormais, jouent leur meilleur tennis au même moment. On est entré dans le vif du sujet.

À 3-2 en sa faveur (sans break), Nadal demande à Pascal Maria, l'arbitre français qui – comme à Wimbledon – officie sur la chaise, l'intervention du kiné, lequel débarque deux jeux plus tard (et une balle de break manquée) pour lui masser la cuisse droite. Pas de réelle blessure, juste une raideur musculaire. Mais le signe, tout de même, que Nadal est dans le dur. Federer le sent : c'est là qu'il doit produire son accélération.

Le Suisse donne donc tout pour creuser l'écart. À 4-4 (0/40), puis à 5-5 (15/40 et Avantage), il se procure un total de six balles de break. Mais en vain. Hormis une ou deux sur lesquelles il peut avoir quelques regrets, notamment ce coup droit sorti d'un chouïa sur sa cinquième opportunité, c'est globalement Nadal qui les négocie bien. Et l'on en arrive ainsi au jeu décisif, où les nerfs de Federer lâchent en premier : un coup droit dévissé à 3-3 donne un mini-break à Nadal, qui saute sur sa proie et l'assomme d'une somptueuse volée de revers amortie à 5-3. Derrière, il profite d'une double faute pour virer en tête. Deux sets à un.

Cette finale vient d'atteindre de très hauts sommets mais pour la redescente, il va falloir attendre un peu. Car le quatrième set repart à vive allure avec, d'entrée, un nouvel échange de breaks. Federer se détache 2-0, Nadal revient à 2-2. Le jeu qui suit, long de 20 points, est un monument d'intensité. Nadal s'y procure cinq balles de break dont une au terme d'un échange fantastique joué à une vitesse folle et conclu par un coup droit gagnant parti telle une flèche le long de la ligne. L'Espagnol lève les bras comme s'il avait gagné. Un ace le ramène sur terre. Beaucoup plus réaliste jusqu'alors, c'est à son tour, cette fois, de griller des munitions. En tribunes, Sebastian Nadal a plus de tics de nervosité que son propre fils avant de servir. Roger s'en sort, finalement. Et comme souvent en pareil cas, il breake lui-même dès sa première occasion au jeu suivant. L'opportunisme a changé de camp. La dynamique du match aussi, peut-être, 6/3 pour Federer.

Ce sera donc un cinquième set, encore. C'est d'ailleurs la première fois que les deux hommes jouent deux matchs consécutifs en cinq sets l'un contre l'autre. C'est aussi la première fois depuis 1988 que la finale masculine de l'Open d'Australie parvient à une telle extrémité. Nadal s'est fait une spécialité de la distance, puisqu'il a gagné huit des dix matchs en cinq sets auxquels il a pris part en Grand Chelem. Mais la jauge énergétique, tout comme la tendance des derniers jeux, penche plutôt en faveur de Federer. Au bout du compte, le suspense est entier. On s'attend donc à un nouveau morceau de bravoure, peut-être aussi à un nouveau record de durée puisque l'horloge, déjà, approche les quatre heures de jeu.

Et pourtant... Serait-ce le trop-plein d'émotions, la fatigue, la pression de l'enjeu ? Toujours est-il que Federer craque complètement, et de manière aussi subite qu'inattendue, dès l'entame de ce cinquième set. Il concède un break rapide (à 1-2), lors d'un jeu où il a pourtant mené 30/0 avant d'aligner quatre grosses fautes. Et même sept en comptant le jeu d'après. Nadal, de son côté, déroule sur ses propres engagements – trois points concédés en quatre jeux de service – et continue de recueillir les offrandes adverses avec presque autant de surprise que de joie. Dans un dernier sursaut, Federer écarte deux balles de match à 5-2, 15/40. Mais un revers pleine lucarne en offre une troisième à son adversaire. Le Suisse, qui a épuisé tout son crédit de challenges, ne peut même pas faire appel au

Hawk-Eye. Presque résigné, il s'incline finalement sur une ultime faute en coup droit.

Après avoir craqué sportivement, Federer craque émotionnellement au cours d'une cérémonie protocolaire très émouvante lors de laquelle il est assailli par de longs sanglots au moment d'attaquer son discours. Sous les yeux compatissants de Rod Laver, qui vient de lui remettre le plateau de finaliste sur le court qui porte son nom, l'ancien n° 1 mondial, qu'on avait déjà vu prostré de longues minutes sur sa chaise en attendant cette remise des prix, se met à déverser son trop-plein de tension et de tristesse accumulées, dans un flot continu de larmes impossibles à contenir. Une image déchirante, qui devient magnifique lorsque Nadal, finalement appelé à son tour pour recevoir son trophée, vient lui-même consoler son rival en le prenant par les épaules, dans un geste d'une infinie tendresse qui dit tout, finalement, du lien indéfectible de respect et même de complicité unissant les deux hommes.

Plus tard, devant la presse, Federer trouvera la force de sourire de sa déconvenue : « *Le problème quand vous êtes ainsi submergé par l'émotion après une finale, c'est que vous ne pouvez pas vous enfuir, vous êtes coincé là pour la remise des prix.* » Quant à son écroulement dans le cinquième set, il l'expliquera par la somme d'énergie physique et mentale dépensée tout au long du match pour tenir ses jeux de service, à cause de sa première balle, on l'a dit, défaillante selon ses standards. « *Je n'ai jamais réussi à trouver mon rythme au service et je crois que j'ai fini par le payer à la fin* », déclare ainsi le maestro helvète, faisant aussi ce constat terrible, mais réaliste : « *C'est triste mais ce cinquième set, je le lui ai donné...* »

Ceci dit sans rien enlever, bien sûr, au mérite de Rafael Nadal qui, à 22 ans, remporte pour sa part son sixième titre du Grand Chelem, ici en Australie où aucun Espagnol n'avait gagné avant lui. Son premier sur dur, donc, quelques mois après avoir décroché son premier sur le gazon de Wimbledon. Et ce encore et toujours aux dépens du même homme : Roger Federer. Rafael Nadal a désormais étendu sa suprématie sur toutes les surfaces.

L'histoire lui tend les bras et peut-être aussi un jour ce fameux record de titres majeurs, qui reste donc pour l'heure propriété de Pete Sampras. « *Je sais à quel point c'est dur de gagner un Grand Chelem, donc il faut rester humble vis-à-vis de ça et continuer à travailler très dur, comme je l'ai fait toute ma vie,* répond-il, pour calmer le jeu, à ceux qui commencent à le titiller sur le sujet. *Pour gagner un match aussi important que celui de ce soir, c'est important de savoir qui on est avant. Mais c'est encore plus important de rester toujours soi-même après.* » Amen...

Vainqueur : Nadal
Score : 7-5, 3-6, 7-6(3), 3-6, 6-2
Durée : 4 h 23
Le point : Le coup droit gagnant en extension de Nadal à 2-2, 40/A dans le quatrième set, au terme d'un échange joué à une allure phénoménale.
Le chiffre : 48, soit le pourcentage très élevé de revers joués par Nadal dans ses coups de fond de court.
À noter : C'est la seule fois où Federer et Nadal ont enchaîné deux matchs en cinq sets (après la finale de Wimbledon 2008).
Bilan : Nadal 13 – Federer 6

N° 20

Dimanche 17 mai 2009
Madrid

Finale

En ce printemps 2009, l'immuable calendrier ATP est bouleversé par le changement de date du Masters 1 000 (nouvelle appellation des Masters Series) de Madrid, qui a lieu pour la première fois en mai sur terre battue, après sept éditions jouées en octobre et en indoor. Ion Tiriac, le volubile et moustachu propriétaire du tournoi, est classé 840e mondial… dans la hiérarchie des plus grandes fortunes.

Peu habitué à faire dans la dentelle, l'ancien joueur roumain a fait construire un complexe digne d'un Grand Chelem avec un court central de 12 000 places au toit rétractable et sobrement nommé « *La Caja Magica* » (la boîte magique). Pour s'imposer, le tournoi est prêt à tout pour faire parler de lui : une terre battue de couleur bleue, un temps envisagée pour cette première édition, ou des mannequins en lieu et place des ramasseurs de balles, la grande classe. Un Fedal en finale, voilà une façon plus conventionnelle d'installer ce nouveau grand rendez-vous sur terre battue.

Nos deux héros se retrouvent onze semaines après un nouveau chef-d'œuvre remporté par Nadal en finale de l'Open d'Australie. Si l'Espagnol a débuté sa saison sur terre battue dans ses standards habituels (titres à Monte-Carlo, Barcelone puis Rome), c'est le moral en berne qu'il arrive à Madrid, où il est attendu comme le messie cette année encore. L'Espagnol est perturbé depuis plusieurs semaines par la séparation de ses parents, un véritable bouleversement dans son monde intérieur empreint de stabilité. Physiquement aussi, il arrive à Madrid sur les rotules, et au sens propre. Depuis le tournoi de Miami, il souffre de douleurs récurrentes aux genoux. Cela ne l'a pas empêché de remporter un combat titanesque contre Novak Djokovic en demi-finale : 3-6, 7-6(5), 7-6(9), après avoir sauvé trois balles de match. Un affrontement terminé après 4 h 02 de jeu – le plus long en trois sets gagnants recensé depuis l'établissement des statistiques de l'ATP Tour, en 1990 –, dans une ambiance complètement délirante.

En comparaison, la demi-finale de Roger Federer face à Juan Martin Del Potro (6-3, 6-4) a ressemblé à une promenade de santé. Cette finale, sa deuxième seulement de la saison, tombe à pic pour le n° 2 mondial, 27 ans, de plus en plus contesté par la jeune garde composée (en plus de Nadal) de Novak Djokovic et Andy Murray, 22 ans tous les deux. Le premier l'a battu deux fois de suite, en demi-finale de Miami et de Rome, quand le second l'a éliminé du tournoi d'Indian Wells, encore en demi-finale.

Federer a profité de ce temps libre inhabituel pour convoler en justes noces, le 11 avril, avec Mirka Vavrinec, sa compagne depuis l'an 2000 et leur rencontre lors des Jeux Olympiques de Sydney. Un mariage célébré en petit comité (une trentaine d'invités) et dans le plus grand secret à Riehen, près de Bâle, la ville où a grandi Federer. Au menu, une soupe de homard et des tagliatelles aux truffes noires, le tout accompagné de chants folkloriques d'Appenzell, le canton d'origine du père de Roger Federer.

Mais revenons à nos moutons, et à cette finale de Madrid tout aussi appétissante. Le ciel est bleu et sans nuage quand les n° 1 et 2 mondiaux font leur entrée dans cet écrin enveloppé d'inox. Federer a choisi une tenue assortie à cette ambiance, tout en nuances de bleu et de gris. Nadal, le cheveu un peu plus court qu'à l'accoutumée, arbore un polo jaune et blanc et un bandeau turquoise.

Ce vingtième Fedal commence *piano*, avec moult fautes directes de part et d'autre. La première balle de break est pour Nadal, qui la gâche d'un retour trop profond. À 3-2 pour lui, Federer débute le jeu par un audacieux enchaînement service-volée sur deuxième balle. Nadal lui sert un passing épicé droit dans les pieds mais il s'en sort d'une prodigieuse volée amortie ; même le chauvin public madrilène applaudit. Le Suisse, qui a bien remarqué la position très reculée de son adversaire en retour (plus de six mètres derrière la ligne de fond !), n'hésite pas à renouveler régulièrement l'expérience, avec un certain succès. Rafael Nadal est loin d'avoir sa grinta habituelle. Comment pourrait-il en être autrement, moins de 24 heures après sa féroce bataille contre Djokovic ? Sa piètre performance en revers symbolise ses difficultés du jour. Federer convertit sa première balle de break au meilleur moment, à 4-4, puis confirme au jeu suivant : 6-4 en 40 minutes. Ce premier set ne restera pas dans les annales des Fedal.

Après la folle après-midi du Nadal-Djokovic la veille, le public a aussi un peu la gueule de bois. D'autant que Federer malmène de plus en plus le héros local. À 2-2, il obtient une première balle de break après une amortie de revers divine, qui atterrit comme une plume sur la terre madrilène. Opportuniste, Federer prend aussi les devants au deuxième set. À 4-3, il commence son jeu de service par deux fautes directes, soudainement célébrées comme un but du Real Madrid par les spectateurs, mais Nadal ne profite pas de ce petit coup de mou. Le n° 1 mondial a encore deux occasions de reprendre son break de retard à 5-4, gâchées par deux fautes en revers. Les mains sur les hanches, il n'en revient pas lui-même de son manque cruel de réalisme.

Après 1 h 26 de jeu, Federer convertit sa deuxième balle de match, agite l'index en direction de son clan puis expédie une balle de toutes ses forces en cloche dans les tribunes. C'est un soulagement pour le Suisse qui remporte là où on ne l'attendait pas son premier titre depuis plus de sept mois. Cette victoire, sa deuxième sur terre battue face à Nadal, lui permet aussi de mettre fin à une série de cinq défaites de suite face à son rival.

Ce titre est un véritable tournant dans la saison du Suisse qui, trois semaines plus tard, parvient pour la cinquième fois consécutive en finale de Roland-Garros, le dernier Grand Chelem qui lui échappe. Mais cette fois-ci, ô surprise, pas de Nadal en finale. Oyez, oyez, le roi de la terre battue a plié pour la première fois à Paris, battu par son ennemi juré Robin Söderling en huitième de finale (6-2, 6-7(2), 6-4, 7-6(2).

Roger Federer ne laisse pas filer la chance de sa vie. Le dimanche 7 juin 2009, il embrasse magnifiquement son destin en dominant Söderling (6-1, 7-6(1), 6-4). Fauché par l'émotion, il s'agenouille sur le court Philippe-Chatrier tandis qu'un torrent de larmes de bonheur commence à couler sur ses joues. Devant sa télévision comme des millions d'autres téléspectateurs, Nadal le rival au grand cœur ne peut lui non plus retenir quelques larmes, touché de voir enfin Federer atteindre son Graal (c'est en tout cas ce qu'il a déclaré bien plus tard, en 2020).

Vainqueur : Federer
Score : 6-4, 6-4
Durée : 1 h 26
Le point : L'amortie gagnante de revers de Federer à 2-2, 30/A dans le deuxième set.
Le chiffre : 0, soit le nombre de breaks réalisés par Nadal. C'est le seul match sur terre battue où il n'a pas breaké Federer.
À noter : C'est la seule victoire de Federer sans perdre un set sur terre battue.
Bilan : Nadal 13 – Federer 7

N° 21

Dimanche 16 mai 2010
Madrid

Finale

On prend les mêmes et on recommence. Un an après leur dernier affrontement en finale du Masters 1 000 de Madrid, Rafael Nadal et Roger Federer se sont donné rendez-vous pour la revanche, même heure, même endroit. Un an sans Fedal c'est long (trop long !) et nos deux héros, fidèles à leur réputation aventureuse, ont bien roulé leur bosse depuis leur dernière rencontre.

Dans la foulée de son premier titre à Roland-Garros, Federer a remporté son sixième titre à Wimbledon – que Nadal, toujours touché au genou, avait deserté – en battant Andy Roddick dans une autre finale de légende (5-7, 7-6(6), 7-6(5), 3-6, 16-14), devenant ainsi le joueur le plus titré de l'histoire en Grand Chelem : 15 sacres, soit un de plus que Pete Sampras. Et il a repris au passage la place de n° 1 mondial à Nadal.

Le cœur léger, Roger Federer a parfaitement débuté sa saison 2010, remportant à Melbourne son seizième Grand Chelem, le quatrième à l'Open d'Australie. Le n° 1 mondial a fêté ce succès jusqu'au petit matin, mais il a vite été rattrapé par ses nouvelles obligations paternelles avec ses jumelles Myla Rose et Charlène Riva, nées le 23 juillet 2009, deux semaines après son sacre à Wimbledon (quelle année !). Est-ce le revers de la médaille de ses efforts australiens ? Il a ensuite été victime d'une infection pulmonaire, qui l'a mis durablement sur le flanc. À bientôt 29 ans, Federer commence à ménager sa monture. Il a modifié son programme sur terre battue, renonçant au Masters 1 000 de Monte-Carlo pour économiser ses forces en vue de la défense de son titre à Roland-Garros. Il a fait ses premiers pas sur ocre à tâtons : une défaite contre le 40ᵉ mondial Ernests Gulbis à Rome (6-2, 1-6, 7-5), une autre face au 34ᵉ Albert Montañes à Estoril (6-2, 7-6(5)). Mais c'est beaucoup mieux depuis le début de la semaine madrilène, où le tenant du titre a notamment dominé David Ferrer en demi-finale (7-5, 3-6, 6-3).

Si 2009 a été une année faste pour Federer, pour Nadal en revanche, ce fut une *annus horribilis.* Entre ses tendinites à répétition aux deux genoux et la séparation de ses parents, il n'a pas été épargné. Et 2010 n'a pas débuté sous de meilleurs auspices. À l'Open d'Australie, son genou droit l'a contraint à l'abandon en quart de finale contre Andy Murray. Pour la première fois depuis 2005, Nadal est sorti du top 3 au classement. Un nouvel argument pour ceux qui affirment que la carrière de l'Espagnol est déjà derrière lui, à seulement 23 ans.

Mais le début de la saison sur terre battue a eu sur lui l'effet d'un bain de jouvence. À Monte-Carlo, il a remporté son sixième titre consécutif, concédant en moyenne 2,8 jeux par match, juste une mise au point. Le soir de sa victoire, il a filé en voiture (les avions sont cloués au sol par le volcan islandais Eyjafjallajökull) pour un périple de plus de 1 000 kilomètres jusqu'à Vitoria, dans le Pays basque espagnol, afin d'y recevoir un nouveau traitement au genou. S'en est suivi un cinquième titre à Rome, puis un parcours assez tranquille pour parvenir en finale de Madrid (un seul set perdu en demi-finale contre Nicolas Almagro), où il a reçu la visite des stars du Real Madrid Raul et Cristiano Ronaldo. Un grand moment pour ce fan ultime de la maison blanche, prêt à se réveiller en pleine nuit à l'autre bout du monde pour suivre un match du Real.

La Caja Magica est pleine, bien sûr, pour l'entrée de Rafael Nadal, chouchou incontesté du public espagnol, et du tenant du titre Roger Federer, applaudi plus poliment. Nos deux champions continuent d'exploser les confins de la mode.

Federer a choisi un haut blanc au col mao avec un liseré bleu marine. Nadal, l'aventurier du prêt-à-porter, arbore un short à carreaux long et large, assorti d'un haut bleu court et près du corps.

Le match débute sur un faux rythme, les premiers jeux s'éternisent. Il faut dire que Nadal dépasse déjà allègrement les 25 secondes autorisées entre chaque service. L'arbitre n'a pas l'air de vouloir s'en rendre compte, peut-être par crainte de voir descendre une bronca mémorable des tribunes madrilènes. Break, débreak, rebreak, ce premier set, assez brouillon, est marqué par les nombreuses occasions manquées de part et d'autre. À ce petit jeu-là, c'est Nadal qui s'en sort le moins mal. À 3-3, il repasse devant en prenant le service helvète à sa cinquième tentative dans un jeu charnière.

Federer a bien quatre occasions de recoller à 5-5 : faute en revers sur la première, en coup droit sur la deuxième, en retour sur la troisième et encore en retour sur la quatrième. Dans ces conditions, difficile d'espérer retourner la situation. Après 55 minutes de jeu, Nadal obtient une première balle de set. Federer a l'idée saugrenue de monter en chaussettes sur le coup droit de Nadal qui, évidemment, ne se prive pas de lui décocher un passing gagnant. En tribunes, Toni Nadal souffle un bon coup, l'air de dire *« on s'en sort bien »*. Federer pourra notamment regretter ses nombreuses fautes en retour sur deuxième balle qui conduisent à ce chiffre flatteur pour Nadal : 80 % de points gagnés sur son second service (pour 52 % seulement sur première balle).

Après un échange de breaks lors de deux premiers jeux, le niveau monte progressivement au deuxième set. Federer essaie de brouiller les cartes. Il n'hésite pas à jouer fort sur le coup droit de Nadal et tente plus d'amorties, parfois même dès le retour de service. Pas suffisant pour déstabiliser Nadal qui reprend l'avantage pour mener 4-2. Au jeu suivant, une bordée de sifflets descend des tribunes alors qu'un juge de ligne se trompe sur un coup de défense monumental de l'Espagnol, qui court partout comme à sa grande époque. Voilà qui semble rassurer les frères Nadal (Sebastian le père, Miguel Angel l'autre oncle ancien footballeur au FC Barcelone, et Toni qu'on ne présente plus), tout sourire en tribunes. Mais Nadal a un mal fou à conserver ses breaks et Federer, qui joue de mieux en mieux, revient encore.

Finalement, ce deuxième set s'achève au jeu décisif. Federer mène 4-2, mais pèche par gourmandise en tentant une amortie alors qu'il avait tout le court ouvert, le tournant de ce jeu décisif. Federer se délite, Nadal enchaîne quatre points consécutifs puis remporte la balle de match la plus grotesque de l'histoire des Fedal, sur un « air shot » de Federer qui manque complètement une balle facile à cause d'un faux rebond, le coup gagnant le plus impromptu de la carrière de Nadal. Vainqueur de son troisième Masters 1 000 consécutif (le 18e de sa carrière), il célèbre cette victoire allongé, mais de face (il faut vraiment aimer la terre battue) avant d'arroser joyeusement les juges de ligne au champagne.

La résurrection de Rafael Nadal est en marche. Trois semaines plus tard, il continuera son sans-faute sur terre battue pour remporter son septième Grand Chelem (égalant ainsi McEnroe et Wilander) à Roland-Garros, sans perdre le moindre set et en prenant sa revanche sur Robin Söderling en finale (6-4, 6-2, 6-4). Après un an et demi de disette, de doute et de blessures, il a réglé ses comptes, avec ses adversaires comme avec lui-même. Nadal le conquérant est de retour, prêt à écrire une nouvelle page de sa légende.

Vainqueur : Nadal
Score : 6-4, 7-6(5)
Durée : 2 h 11
Le point : Le petit passing de revers court croisé de Nadal en glissant sur une amortie, à 5-4, 40/30 dans le deuxième set.
Le chiffre : 9, soit le nombre d'aces de Federer, son record dans un match en deux sets gagnants sur terre battue contre Nadal.
À noter : C'est leur plus long match joué en deux sets.
Bilan : Nadal 14 – Federer 7

Nº 22

Dimanche 28 novembre 2010
Masters de Londres

Finale

Six mois après Wimbledon, Londres est à nouveau sur le devant de la scène tennistique pour les Barclays ATP World Tour Finals, le Masters pour les puristes. Pour la deuxième année, les huit meilleurs joueurs de la saison se retrouvent sur les bords de la Tamise, à l'O2 Arena. La hiérarchie du classement ATP y a été parfaitement respectée, avec la présence des quatre premiers mondiaux en demi-finales (dans l'ordre Nadal, Federer, Djokovic et Murray). Décidément, la vie est bien faite : les nº 1 et 2 mondiaux se retrouvent en finale du tournoi des maîtres, une première depuis le Lendl-Becker de 1986. L'excitation est à son comble pour le dernier match de l'année, le premier Fedal en finale du Masters.

Rafael Nadal a l'occasion de terminer en apothéose la saison la plus prolifique de sa carrière. Après Roland-Garros et Wimbledon, il a remporté un troisième Grand Chelem d'affilée à l'US Open, le dernier titre majeur qui lui échappait, en dominant Novak Djokovic en finale (6-4, 5-7, 6-4, 6-2). À 24 ans, il est l'heureux détenteur des quatre titres du Grand Chelem, de l'or olympique (en 2008 à Pékin) et de la Coupe Davis (2004, 2008 et 2009). Seul le Masters, justement, manque à sa prestigieuse collection. Et pour sa première finale, il n'arrive pas dans les meilleures dispositions. La veille, il a dû livrer une bataille pied à pied pour éliminer Andy Murray en demi-finale, remportant un âpre combat de 3 h 12 (7-6(5), 3-6, 7-6(6)).

Nadal ayant trusté les grands titres, Roger Federer a logiquement connu une année plus quelconque. Il a manqué la finale de Wimbledon pour la première fois depuis 2002, éliminé dès les quarts de finale par Tomas Berdych (6-4, 3-6, 6-1, 6-4). À l'US Open, c'est Novak Djokovic, ce rabat-joie, qui a privé le public new-yorkais d'un premier Fedal à l'US Open. Federer a pourtant eu deux balles de match face au Serbe, qui l'a finalement emporté en cinq manches (5-7, 6-1, 5-7, 6-2, 7-5).

Depuis l'été, il s'est adjoint les services d'un nouveau coach, l'Américain Paul Annacone. Un choix significatif, l'ancien entraîneur de Pete Sampras (de 1995 à 2002) ayant la réputation d'être un spécialiste du jeu offensif. Comme souvent, Federer arrive en forme pour la saison en indoor, une surface où il a rehaussé son bilan, remportant ses troisième et quatrième titres de l'année à Stockholm puis à Bâle. À Londres, il n'a pas perdu un set pour arriver jusqu'en finale, sa sixième au Masters.

« *London Calling* » des Clash résonne dans une O2 Arena plongée dans l'obscurité pour l'entrée des deux finalistes qui émergent d'un nuage de fumée, dans une mise en scène identique à celle d'un combat de boxe. Nadal tient la main d'une jeune ramasseuse au sourire béat, qui vérifie régulièrement du regard que Rafa est bien constitué de chair et d'os. Federer, haut rouge vif et short gris, attend patiemment (l'habitude !) sur son banc que Nadal procède à sa routine d'avant-match. Baskets noires, chaussettes grises, short ample et tee-shirt violet, Nadal est prêt pour partir en randonnée, il ne lui manque plus que le sac à dos. À son poignet droit, une montre de la marque Richard Mille, son nouveau partenaire, dont le poids (moins de 20 grammes) n'est pas proportionnel au prix (environ 500 000 euros).

Federer donne le ton sur son premier jeu de service : un coup droit gagnant, un revers gagnant, un ace et une bonne première. L'agression tous azimuts, telle est la stratégie du Suisse, sur son service comme sur celui de Nadal. À 3-2 en sa faveur, Federer remporte un premier long bras de fer de fond de court, conclu d'un revers divin, déjà son dixième coup gagnant quand Nadal, lui, n'a pas encore débloqué son compteur. À 3-3, les quelque 20 000 spectateurs ovationnent une nouvelle fois le maître, auteur d'une prodigieuse volée basse. Du tennis de haute volée, c'est le cas de le dire. Face à ces assauts répétés, la défense de Nadal finit par rompre. Inspiré et réaliste, Federer convertit sa première balle de break puis conclut sur son service un premier set net et sans bavure : 6-3 en 32 minutes. Federer est-il simplement injouable ou Nadal est-il moulu par son match de la veille face à Murray ? Certainement un peu des deux.

Un parterre impressionnant de célébrités assiste à cette finale. Ronnie Wood, le guitariste des Rolling Stones, secoue la tête sur « *Jumping Jack Flash* », comme si de rien n'était. Kevin Spacey, Diego Maradona, Thierry Henry ou encore Boris Johnson se succèdent sur l'écran géant du stade aux changements de côté, entraînant des réactions plus ou moins enthousiastes du public. Maria Francisca Perello, la fiancée de Rafael Nadal, elle, n'a pas l'air ravie de se voir en grand, contrairement à Mirka Federer beaucoup plus rodée à l'exercice.

Tout ce beau monde retient son souffle quand Federer tombe soudainement en panne sèche de première balle, à 2-1 dans le deuxième set. Sentant son heure venue, Nadal appuie sur l'accélérateur et se détache 3-1. Un premier accroc pour Federer qui, patatras, tombe violemment sur une reprise d'appuis au jeu suivant, sous les yeux d'un public stupéfait d'assister à la chute du danseur étoile en plein spectacle. L'air vexé, Federer se relève en grommelant, il est vraiment temps que ce deuxième set se termine. Nadal tient son break et égalise à une manche partout (6-3).

Revigoré par le gain du deuxième set, Nadal cherche à montrer les muscles au début du troisième, mais Federer a remis une pièce dans la machine à coups gagnants. Excellent en coup droit, il est aussi capable d'accélérations foudroyantes en revers, qui anéantissent la sempiternelle tactique de Nadal : pilonner le revers du Suisse. En indoor, le lift moins bondissant de Nadal permet à Federer de jouer ses revers en avançant dans le terrain. Et les conditions de jeu (pas de vent, pas de faux rebond…) sont parfaitement adaptées à ce jeu à haut risque.

Agressé à chaque deuxième balle, l'Espagnol n'a pas un seul instant de répit dans ce troisième set. Le public, plutôt pro-Federer, s'enflamme quand le Suisse revient à 40/A sur le service de Nadal (à 2-1), après un enchaînement retour-volée plein de panache. Quelques instants plus tard, Federer, plus réaliste que jamais dans un Fedal, fait le break, encore à sa première occasion. Au bout du rouleau, Nadal n'a pas les ressources pour empêcher son rival de filer vers son cinquième titre au Masters, un record partagé avec Pete Sampras et Ivan Lendl.

Sur la balle de match, qui flirte avec la ligne, Nadal ne demande même pas le challenge, laissant Federer manifester sa joie d'un cri rageur.

Roger Federer termine sa saison comme il l'avait débutée, par un grand titre. Mais c'est bien Rafael Nadal le grand vainqueur de cette année 2010. *« Félicitations Rafa, tu n'as pas volé tes vacances après une telle année »*, lui lance Federer pendant la remise des prix. Des vacances, quelles vacances ? Nadal enchaîne avec une semaine dédiée à ses sponsors, avant de reprendre le chemin de l'entraînement. Peu avant Noël, les deux compères se retrouvent à Zurich pour la première édition du « Match for Africa », une exhibition à but caritatif dont la promotion a été assurée par une vidéo virale sur Facebook (qui vient d'inventer le bouton « like ») montrant les deux compères pris d'un fou rire mémorable, renforçant l'image de leur rivalité amicale.

Vainqueur : Federer
Score : 6-3, 3-6, 6-1
Durée : 1 h 38
Le point : Le retour de coup droit/volée amortie de revers de Federer à 2-1, 40/15 dans le troisième set.
Le chiffre : 3, soit le nombre de points perdus derrière sa première balle pour Federer (37/40).

Soit un taux de 92,5 %, son record dans un Fedal.
À noter : C'est leur seul affrontement en finale du Masters.
Bilan : Nadal 14 – Federer 8

N° 23

Vendredi 1er avril 2011
Miami

Demi-finale

Pour leur premier affrontement en 2011, Roger Federer et Rafael Nadal pèlerinent sur les lieux de leur première rencontre, à Miami, en 2004. Sept ans plus tard, leur idylle au sommet du tennis mondial bat sérieusement de l'aile. Le briseur de couple est un grand brun nommé Novak Djokovic, 23 ans, invaincu depuis le début de l'année (titré à l'Open d'Australie, Dubaï et Indian Wells) et nouveau n° 2 mondial. Le jeune impudent a déjà dominé Roger Federer à trois reprises depuis le début de la saison. Pas de jaloux, Nadal a aussi subi sa loi en finale d'Indian Wells (4-6, 6-3, 6-2) quelques jours plus tôt.

Symbole de ce nouvel ordre mondial, Federer et Nadal se retrouvent dès les demi-finales. Ils ne s'étaient pas affrontés aussi « tôt » dans un tournoi depuis le Masters 2007. À la recherche de son premier titre de l'année, Nadal n'a perdu qu'un set depuis le début de la semaine, face à Tomas Berdych en quart de finale (6-2, 3-6, 6-3). Un match au cours duquel il a ressenti une vive douleur à l'épaule, mais la droite, rien de très inquiétant donc. Federer est arrivé dans le dernier carré sans transpirer ou presque. Il a mis 53 minutes pour écarter Olivier Rochus en huitième (6-3, 6-1), et seulement 11 minutes en quart face à Gilles Simon qui a dû abandonner après trois jeux.

À vrai dire, ce n'est pas tout à fait le premier Fedal de la saison. Nos deux héros ne se quittent plus, ils ont même passé le premier jour de l'année ensemble sur le court pour la lucrative exhibition d'Abu Dhabi, remportée sans se fouler 7-6, 7-6 par Nadal, une défaite qui a suscité l'hilarité de Federer lors de la poignée de main. Trois mois plus tard, ils se sont retrouvés dans l'Oregon, près du siège de leur sponsor commun, Nike, où ils ont disputé un set en petite foulée, l'occasion unique de voir Nadal tenter des retours suivis à la volée sur le service de Federer. Et puis ils se sont affrontés en double à Indian Wells, un tournoi où les stars du simple aiment aussi jouer en équipe. Associé à son compatriote Stan Wawrinka avec qui il a remporté l'or olympique en 2008 à Pékin, Federer a battu Nadal en double pour la première fois (7-5, 6-3). Un match de double disputé dans un central comble, ce n'est pas si fréquent…

Mais revenons à Miami, où la lumière décline sur l'île de Key Biscane, petit paradis au large de la « Magic City », quand Nadal et Federer font leur entrée sur le court central. Cela fait six ans qu'ils ne se sont pas rencontrés sur le sol américain, alors les 13 800 spectateurs sont dans tous leurs états pour le retour des héros. La soirée s'annonce bouillante.

C'est Nadal, tee-shirt vert fluo et short blanc, qui prend le meilleur départ dans cette demi-finale. On comprend très vite que les conditions de jeu sont à son avantage. « *C'est la surface dure la plus lente qu'on puisse imaginer, comme de la terre battue sauf qu'on ne peut pas glisser* », s'est plaint Federer, qui a effectivement un mal fou à mettre la balle hors de portée de Nadal. Très en jambes, ce dernier prend le service adverse à 1-1, aidé par les premières fautes de revers de Federer. Armé de son nouveau service – dont il a modifié la prise depuis quelques mois pour gagner en puissance –, il se balade sur ses engagements et expérimente aussi une nouvelle position, beaucoup plus avancée dans le terrain, en retour sur les deuxièmes balles adverses. Peu efficace derrière sa première balle (52 % de points gagnés dans le premier set), pas inspiré au filet et incapable de faire la différence à l'échange, Federer est privé de ses armes habituelles. 6-3 pour Nadal, un murmure d'étonnement monte dans les tribunes, le public ne s'attendait pas à un tel cavalier seul. Nadal a parfaitement appliqué son plan. Federer, lui, en semble complètement dépourvu.

La nuit est tombée sur l'île de Key Biscayne et Federer, le naufragé, sombre peu à peu dans les abysses du Fedal. Il a bien une balle de break au premier jeu du deuxième set mais Nadal la sauve avec un peu de réussite, d'un smash de fond de court qui touche la bande du filet. Une fois cette petite alerte passée, il s'en va tranquillement cueillir le break sur un jeu calamiteux de Federer. Paul Annacone fait grise mine en tribunes, Mirka Federer aussi, pas gâtée le jour de son 33e anniversaire. Il est assez étrange de voir l'un des meilleurs joueurs de tous les temps louper à peu près tout ce qu'il tente. D'ailleurs, le public de Miami, habituellement assez favorable à Nadal, essaie de bousculer Federer, pour qu'enfin match il y ait. Des « *Roger, Roger* » descendent des tribunes quand le Suisse remporte péniblement son premier jeu dans la deuxième manche. Aucune réaction de l'intéressé qui, comme un lapin pris dans les phares d'une voiture, reste figé, happé par l'imminence du choc annoncé. Nadal, lui, poursuit sa belle prestation sans forcer son talent et avec le sérieux qui le caractérise. Sur une 38e faute directe adverse, il se qualifie pour sa troisième finale à Miami, un des Masters 1 000 qui échappent encore à son palmarès.

Score final : 6-3, 6-2 en 1 h 19, la défaite est cuisante pour Federer, de plus en plus absent au fil du match. En conférence de presse, il demande même aux journalistes s'il a obtenu des balles de break (2), c'est mauvais signe… « *Je n'arrivais juste pas à jouer mon jeu, c'est peut-être dû à un manque de rythme* », explique ensuite le maître, sans grande conviction. Puis surviennent les inévitables questions sur son déclin annoncé avec plus ou moins de tact : « *Pete Sampras a connu beaucoup de difficultés avant de remporter son dernier titre. Est-ce que vous êtes prêt à surmonter tous ces obstacles, avant de faire vos preuves une dernière fois ?* » interroge un journaliste très culotté. « *Il n'y a rien de plus pénible que de répondre tout le temps à cette question. Je ne sais pas combien de fois je vais devoir le faire avant de vous dire : "Je ne veux plus répondre." Je n'ai pas l'impression d'avoir 35 ans comme vous n'arrêtez pas de me le faire sentir. J'ai 29 ans et encore de nombreuses années devant moi* », lui répond un Federer très irrité.

Le lendemain, Rafael Nadal retrouve Novak Djokovic en finale pour la revanche, deux semaines après la victoire du Serbe à Indian Wells. Une nouvelle fois, le combat est âpre et superbe. Vainqueur 4-6, 6-3, 7-6(4) en 3 h 21, Djokovic, toujours invaincu en 2011, enchaîne une 26e victoire consécutive, poursuivant sa marche à pas de géant vers la place de n° 1 mondial. Un trône que le roi

Nadal compte bien défendre bec et ongles sur terre battue, le prochain théâtre de cette autre rivalité légendaire.

Vainqueur : Nadal
Score : 6-3, 6-2
Durée : 1 h 19
Le point : Le passing de coup droit gagnant décoché après une belle défense de Federer, à 3-0, 40/A dans le deuxième set.
Le chiffre : 57, soit le pourcentage de points gagnés par Federer derrière sa première balle. Son plus faible total contre Nadal, hors terre battue.
À noter : En termes de jeux concédés, c'est la plus sèche défaite de Federer hors terre battue.
Bilan : Nadal 15 – Federer 8

Nº 24

Samedi 7 mai 2011
Madrid

Demi-finale

Pour la troisième année consécutive, Rafael Nadal et Roger Federer se retrouvent à Madrid, capitale réputée pour ses musées prestigieux, sa vie nocturne trépidante et ses Fedal à répétition. Après 2009 et la victoire en finale de Federer, 2010 et la revanche de Nadal, l'heure de la belle a sonné. Mais cette fois-ci, pas de trophée à la clé, seulement une place pour la finale.

Bien sûr, Nadal est favori sur terre battue. Après un premier trimestre sans titre, le roi de la surface a commencé sa traditionnelle moisson de victoires sur l'ocre, récoltant son septième titre à Monte-Carlo puis son sixième à Barcelone, les deux fois en battant David Ferrer en finale, mais les deux fois sans la présence de Novak Djokovic (toujours invaincu en 2011) dans le tableau.

Roger Federer, bientôt 30 ans, continue d'alimenter les théories les plus déclinistes. Après son trou d'air à Miami lors du dernier Fedal, il a loupé son atterrissage à Monte-Carlo, emporté par le vent et la patte gauche de Jürgen Melzer dès les quarts de finale (6-4, 6-4). Mais le Suisse semble avoir trouvé un courant plus ascendant à Madrid où l'altitude (660 mètres) offre des conditions assez favorables à l'expression de son jeu offensif. Et puis c'est ici, donc, qu'il a remporté l'une de ses deux seules victoires face à Nadal sur terre battue. Avant cette partie, ce sont à peu près les seuls arguments en faveur de Federer, incapable de venir contester la supériorité de Nadal et Djokovic sur dur depuis le début de la saison, alors sur terre…

Pour cette première demi-finale, le toit de la Caja Magica est fermé, offrant aux 12 000 spectateurs un Fedal sur terre battue intérieure, une première dans l'histoire de leur rivalité. L'échauffement a été précédé d'une minute de silence en hommage au champion de golf espagnol Severiano Ballesteros, décédé le matin même. Ému aux larmes en voyant les images de « Seve » défiler sur l'écran géant, Nadal a aussi accroché un ruban noir à son tee-shirt jaune pour saluer sa mémoire.

Habitué des départs canons, Nadal prend le service de Federer au premier jeu et dès sa première occasion. Federer, plus diesel, tombe déjà en panne de première balle. À 2-1, il a bien trois occasions pour recoller au score, mais la défense de Nadal, conjuguée à son irrégularité, l'en empêche. Après une nouvelle faute en coup droit, le maître balance quelques noms d'oiseau en suisse allemand, sa langue maternelle, mais c'est en anglais qu'il se prend le bec une première fois avec l'arbitre Mohamed Lahyani quand il lui demande, en vain, de rejouer un point à la suite de l'irruption impromptue d'une ramasseuse de balle sur le court avant la fin de l'échange. Décidément, il y a du rififi entre les deux hommes : le Suisse avait déjà haussé le ton contre l'arbitre suédois lors de son 2e tour contre Xavier Malisse. Après cet incident, il sauve une balle de double break et revient à 3-2, un premier tournant dans ce set.

Car Federer joue de mieux en mieux et le rapport de force s'équilibre peu à peu. À 4-3, 30/A, une fois n'est pas coutume, c'est lui qui parvient à contrer Nadal d'un coup droit en bout de course, avant de revenir à 4-4, un débreak célébré discrètement d'un coup d'œil en direction de son clan. À 5-5, on pense que la messe est dite quand Nadal obtient trois balles de break consécutives. Que nenni, Federer retrouve son premier service et enchaîne cinq points consécutifs, encore une occasion manquée pour Nadal qui grommelle en rejoignant sa chaise à 6-5. La pression est maintenant sur ses épaules et Federer, plus agressif que jamais en retour, s'emploie à le lui rappeler. À 30/A, Nadal domine l'échange et monte à l'abordage sur le revers de Federer qui sort de sa manche un magique passing de revers croisé. Le plus beau coup et au meilleur moment, Nadal est scotché, le public madrilène aussi. Federer remporte la première manche dans la foulée (7-5), un véritable exploit au regard de son pourcentage de premières balles, seulement 45 %.

Si le vainqueur du premier set l'a emporté lors des 12 derniers Fedal, Rafa n'a pas l'air abattu. Au contraire, il s'encourage bruyamment et obtient trois balles de break au premier jeu du deuxième set. Sur la troisième, sa balle flirte avec la ligne de couloir et Roger décide d'arrêter l'échange, estimant la balle faute. À sa manière de chercher la trace de la balle, puis de l'entourer d'un geste incertain avec sa raquette, on sent bien qu'il n'est pas très convaincu. De l'autre côté du filet, Nadal l'est encore moins. Arrivé sur les lieux du crime, l'inspecteur en chef Layhani confirme : cette balle a bien touché la ligne.

L'arbitre, le juge de ligne, Nadal, les 12 000 spectateurs, tout le monde a vu cette balle bonne mais Federer s'entête, seul contre le reste du monde. Engagé dans un long monologue au vitriol contre Mohamed Lahyani au changement de côté, il est rappelé à l'ordre par ce dernier sous les sifflets, pendant que Nadal, visiblement déçu par le comportement de son rival, secoue la tête en allant jeter un œil à la marque de la discorde. Une scène savoureuse jouée sous les yeux du réalisateur Pedro

Almodovar qui n'en manque pas une miette en tribunes. Cet incident clos, le n° 1 mondial chipe une deuxième fois le service adverse pour mener 4-0, sans pour autant largement dominer les débats. Cette fois-ci, il ne laisse pas fondre son avance : 6-1, mais 47 minutes pour ce deuxième set au score trompeur.

Loin d'être sorti du match, Federer obtient les premières occasions de break à 1-1 au troisième set, mais il n'améliore pas son bilan calamiteux en la matière (2 balles de break sur 11). Au jeu suivant, Mohamed Lahyani est une nouvelle fois sollicité sur une balle de jeu en faveur de Federer, conclue d'un coup droit gagnant. Nadal l'a vue faute, ce que l'arbitre confirme, obligeant un Federer très bougon à reprendre des balles pour servir à 40/A. Sur le point suivant, Nadal explore la géométrie du court avec un coup droit croisé de génie, sur une amortie pourtant parfaitement touchée de Federer, puis il convertit sa première occasion de break.

Animé d'une colère froide, Federer passe encore ses nerfs sur le pauvre Lahyani en allant chercher une nouvelle raquette. Jouant le tout pour le tout, multipliant les montées au filet, il obtient une balle pour annuler son break de retard à 5-3, après un point magnifique conclu d'une amortie magistrale. Mais il se rate encore sur la balle de break. Beaucoup plus réaliste, Nadal ne se gêne pas pour convertir sa première balle de match après 2 h 36 de jeu et remporter sa 37e victoire d'affilée sur terre battue.

Chaudement applaudi par le public madrilène et par Nadal à sa sortie du court, Federer a montré qu'il en avait encore sous le pied, même sur terre battue. À défaut de victoire, il peut se consoler avec la défaite la plus convaincante et la plus encourageante de sa saison. Nadal, lui, doit maintenant se coltiner son autre rival en finale, Novak Djokovic, toujours invaincu depuis le début de la saison. Et pour la troisième fois consécutive, le Serbe aura le dernier mot (7-5, 6-4), déboulonnant Nadal pour la première fois de sa carrière sur terre battue. Pourchassé jusque sur ses terres, le roi Nadal est nu, son trône prêt à vaciller, à quelques semaines de Roland-Garros.

Vainqueur : Nadal
Score : 5-7, 6-1, 6-3
Durée : 2 h 36
Le point : Le passing de revers croisé de Federer à 6-5, 30/A dans le premier set.
Le chiffre : 0, soit le nombre d'aces réussis par Federer. C'est le seul Fedal où Nadal en aura inscrit plus que lui (1).
À noter : C'est le seul match en deux sets gagnants sur terre battue où Nadal a perdu le premier set avant de s'imposer.
Bilan : Nadal 16 – Federer 8

N° 25

Dimanche 5 juin 2011
Roland-Garros

Finale

Un chef-d'œuvre à la nuit tombée, une symphonie enivrante, une déclaration d'amour entre un maestro et son public. Deux jours avant ce 25e Fedal de l'histoire, Roland-Garros a vécu l'un des plus beaux moments de sa riche histoire, un match qui mériterait un livre à lui tout seul. Le spectateur du court Philippe-Chatrier a pu quitter le stade le cœur léger, animé du bonheur aérien de celui qui vient d'assister à un grand spectacle et qui redescend peu à peu, dans le métro ou sur son vélo, au contact des petites aspérités de la vie quotidienne.

Ce soir-là, l'imbattable Novak Djokovic, invaincu depuis 41 matchs, est tombé magnifiquement en demi-finale, battu par un Roger Federer assoiffé de revanche et auteur de l'une de ses plus époustouflantes prestations (7-6(3), 6-3, 3-6, 7-6(6)) devant un public en ébullition. Un match à la croisée des chemins pour Federer, de retour en finale de Grand Chelem pour la première fois depuis l'Open d'Australie 2010, mais aussi pour Djokovic, battu pour la première fois de la saison, et pour Nadal qui, grâce à la victoire de son meilleur ennemi, est assuré de conserver sa place de n° 1 mondial.

Federer-Nadal, pour une fois, ce n'est donc pas l'affiche que l'on attendait en finale de Roland-Garros. Bien sûr, il fallait avoir le nez creux pour miser sur la renaissance spectaculaire du « déclinant » Federer contre l'omnipotent Djokovic. Et puis la présence de Nadal en finale, touché et coulé deux fois par Djokovic en finale de Madrid (7-5, 6-4) et Rome (6-4, 6-4, sa 4e défaite de suite contre le Serbe), paraissait peut-être un peu moins garantie que d'habitude. Le tenant du titre a donné des signes de lassitude en début de tournoi, il s'est sorti de justesse d'un sacré guêpier contre John Isner au 1er tour (6-4, 6-7(2), 6-7(2), 6-2, 6-4 en 4 h 01). S'il n'a plus perdu ensuite un set jusqu'en finale, son jeu n'a jamais semblé vraiment tourner à plein régime.

Sont-ce les nouvelles balles du tournoi, réputées plus vives et plus légères, qui lui ont causé des problèmes d'adaptation ? Il s'est bien gardé du moindre commentaire désobligeant à l'égard de ces projectiles ronds et jaunes fabriqués cette année par Babolat, son sponsor raquette. Ce quatrième Fedal en finale de Roland-Garros paraît donc peut-être un peu plus ouvert que les précédents. Revigorés par le récital de leur idole, emportés par leur fougue, certains fans de Federer l'annoncent même favori.

Le huitième Fedal en finale de Grand Chelem débute vers 15 h 20 sous le soleil parisien. Maillot bleu pour Nadal, tunique rouge pour Federer, chacun peut choisir son camp, des goûts et des couleurs nous ne trancherons pas ici. Pour la première fois, Federer joue une finale à Roland-Garros sans la pression de celui qui n'a pas encore remporté le tournoi. Délesté de ce poids, il prend le meilleur départ. Bien en place en revers, agressif tout en gardant une certaine sécurité dans ses zones, il chipe rapidement le service de Nadal pour mener 2-0. Déjà, des *« Roger, Roger »* descendent des tribunes du court Philippe-Chatrier. Romantique, le public français est plus amoureux que jamais après la folle aventure de la demi-finale contre Djokovic.

Rafa, lui, présente tous les symptômes d'un Nadal très nerveux : quelques fautes directes grossières en coup droit et des zones de jeu beaucoup trop courtes. Dans le dur, il se raccroche à son plan de base : user Federer sur son revers jusqu'à la moelle pour entamer sa confiance et son moral. Cette entreprise de destruction méthodique commence à produire ses premiers effets, mais Federer obtient une première balle de set à 5-2 sur le service adverse. C'est plus fort que lui, le maître veut finir en beauté. Il tente une amortie qui échoue juste à côté de la ligne de couloir, un péché de gourmandise qu'il va payer cher, très cher. Le vent se lève dans cette fin de set et il tourne en faveur du n° 1 mondial. Comme par hasard, Federer tombe en panne de première à 5-3. Après une défense héroïque, Nadal obtient et convertit sa première balle de break. 5-4, 5-5, 6-5… La machine Nadal est lancée et comme souvent, Federer ne trouve pas le bouton pour l'arrêter. D'un cinquième jeu consécutif, l'Espagnol remporte la première manche (7-5). Federer n'y a vu que du bleu.

Vent dans le dos, Nadal enchaîne avec un break pour débuter le deuxième set. Pas l'idéal pour remonter le moral de Federer, condamné à l'exploit pour remporter le moindre point face à un Nadal exceptionnel en défense. S'il fait face à un mur, le Suisse ne baisse pas les armes pour autant. À 4-3, 30/A, il crée une première brèche à la suite d'un point grandiose conclu d'un revers gagnant long de ligne après une nouvelle défense ahurissante de Nadal. Sa persévérance est récompensée. À sa troisième occasion de break, il égalise à 4-4, une petite victoire célébrée le poing levé par Mirka Federer, qui semble vivre le match en tribunes au moins aussi intensément que son mari sur le court.

Et madame Federer n'est pas au bout de ses émotions. Au jeu suivant, Nadal a deux occasions de repasser devant. *« Des premières (balles) Roger ! »* le supplie un spectateur. Roger s'exécute sur la première balle de break, sauve la deuxième avec panache au filet, mais finit par tomber à la troisième. Cette fois-ci, son heure est venue, pense-t-on, quand Nadal sert pour le gain de la deuxième manche. Mais les dieux du tennis, dans leur grande mansuétude, décident de donner une autre chance à Federer. À 5-4, 30/A, dans un timing troublant, un brouhaha bien connu des spectateurs de Roland-Garros s'élève crescendo des gradins. Parapluie, chandail ou bout de journal, chacun improvise selon ses moyens pour se couvrir le chef : il pleut sur Roland-Garros. Dans la précipitation, Nadal manque une première balle de set. À 7-5, 5-4, 40/A, la partie est suspendue. La pluie et son sens du timing, c'est décidément toute une histoire…

Les deux finalistes patientent dans les deux vestiaires mitoyens à quelques mètres de l'entrée du court Philippe-Chatrier. Après une dizaine de minutes, Toni Nadal sort de la pièce, précédé d'un grand gaillard aux cheveux ras : Rafael Maymo, le physiothérapeute de Nadal depuis 2006. Bien plus qu'un kiné, Tintin (c'est son surnom), Majorquin lui aussi, est un intime de Rafa, son confident au quotidien. Sorti du vestiaire le premier, Nadal attend en trépignant, comme un taureau avant d'entrer dans l'arène. Federer lui grille la politesse pour le précéder au retour sur le court Philippe-Chatrier.

Le jeu reprend sans échauffement et dans un stade loin d'être plein, tant pis pour les retardataires. À qui profite la pluie ? À Federer, qui sauve une deuxième balle de set, revient ensuite à 5-5 dans ce deuxième set palpitant. Écœurant de facilité, le Suisse remporte un jeu blanc pour mener 6-5, devant un public en délire. Mais Nadal garde la tête froide et Federer redescend vite de son nuage. Le Suisse loupe son début de jeu décisif. Et cette fois-ci Nadal gère parfaitement son avance : 7 points à 3, encore un coup de bambou sur la tête de Federer. Le Suisse n'a peut-être jamais aussi bien joué contre Nadal en finale de Roland-Garros, mais il est mené deux sets à rien, cruel constat.

Depuis le début de sa carrière, Nadal n'a perdu qu'une seule fois (pour 101 victoires) après avoir mené deux sets à zéro, c'était en 2005 à Miami contre… Federer. Vingt-trois Fedal plus tard, le Bâlois espère toujours retourner la situation. Physiquement, il n'a pas l'air trop entamé, malgré sa bataille de 3 h 39 en demi-finale. Mais son niveau de jeu est changeant, à l'image de la météo parisienne. À 3-2, une averse de fautes directes offre le break à Nadal. Quelques instants plus tard, à la faveur d'un anticyclone, il refait son retard d'un jeu blanc.

Pour que cette belle finale continue, le public parisien est prêt à tout, même à dépasser les limites de la bienséance en acclamant bruyamment les fautes directes de Nadal. Impérial depuis le milieu de la première manche, le n° 1 mondial pâlit soudainement à vue d'œil dans cette fin de troisième set. Federer reprend la main, breake à 6-5 et termine ce troisième set sur son service (7-5). Après 3 h 05 de jeu, une intense clameur de joie et d'espoir envahit les travées de Roland-Garros, puis s'étiole dans les rues paisibles de Boulogne-Billancourt.

Sur sa lancée, Federer obtient trois balles de break au premier jeu de la quatrième manche. Dos au mur, Nadal va alors faire parler son génie tactique. Pour la première fois du match, il vient servir sur le coup droit de Federer. À l'échange aussi, il décide de varier ses zones pour sortir Federer du rythme habituel. Ce coup de poker lui permet de remporter ce premier jeu crucial, et surtout de briser l'élan de Federer. Nadal, qui frappe de plus en plus fort en coup droit, reprend le contrôle des opérations, convertissant sa première occasion de break pour mener 3-1.

À nouveau contraint à toutes les prouesses pour mettre la balle hors de portée de son adversaire, Federer concède une deuxième fois son service.

Quelques minutes plus tard, le silence sur un fil qui précède la balle de titre s'installe sur le court Philippe-Chatrier. Les deux genoux à terre, c'est prostré que Rafael Nadal accueille son dixième titre en Grand Chelem, le sixième à Roland-Garros, égalant ainsi le record légendaire de Björn Borg. Mais ses premiers mots sont pour son adversaire. *« Roger, désolé pour aujourd'hui »*, déclare Rafa maladroitement pendant la remise des prix.

Federer sourit, amusé par la modestie maladive de son rival. Peu amateur des célébrations à rallonge, Nadal quitte vite Paris pour Londres. Dès le lendemain, il est à pied d'œuvre sur le gazon du Queen's, pas de répit pour les braves !

Vainqueur : Nadal
Score : 7-5, 7-6(3), 5-7, 6-1
Durée : 3 h 40
Le point : Le revers gagnant long de ligne de Federer décoché après un échange de 20 coups de raquettes, à 4-3, 30/A dans le deuxième set.
Le chiffre : 40, soit le nombre de fautes directes commises par Nadal. Son total le plus élevé dans un Fedal de moins de cinq sets.
À noter : C'est la quatrième défaite consécutive de Federer face à Nadal en finale de Grand Chelem (pire série).
Bilan : Nadal 17 – Federer 8

N° 26

Mardi 22 novembre 2011
Masters de Londres

Match de poule

Catastrophe de Fukushima, révolutions arabes, le monde n'a pas chômé en 2011, année bouleversante. La planète tennis a elle aussi connu son lot de chambardements. Après huit ans de domination du duo Federer-Nadal, l'année va s'achever avec un nouveau n° 1 mondial, Novak Djokovic, auteur avant même le Masters d'une des saisons les plus cosmiques de l'histoire de la galaxie tennis : 10 titres dont trois du Grand Chelem (à l'Open d'Australie, Wimbledon et l'US Open), 70 victoires pour quatre défaites et près de 11 millions de dollars de gains, pour être plus terre à terre.

Avant les vacances, Djokovic et ses poursuivants ont rendez-vous à Londres pour le Masters, le dernier grand tournoi de l'année. Nadal, 2e mondial, et Federer, 4e (Murray lui est passé devant), se retrouvent pour la première fois dans le même groupe, offrant au public de l'O2 Arena un Fedal précoce, et la revanche de la finale de 2010 dès le troisième jour du tournoi.

Pour la première fois depuis 2002, Federer va terminer l'année sans titre du Grand Chelem, tout un symbole. Le cap de la trentaine passé (le 8 août), le plus célèbre des Bâlois a connu une fin d'été mouvementée. Après une nouvelle défaite cauchemardesque contre Djokovic en demi-finale de l'US Open (6-7(7), 4-6, 6-3, 6-2, 7-5 et deux balles de match manquées comme en 2010 !), il s'est envolé pour Sydney où il a participé au retour de la Suisse dans le groupe mondial de la Coupe Davis, sur gazon, face à Lleyton Hewitt et sa bande.

Cet enchaînement éreintant l'a conduit à renoncer à la tournée asiatique automnale. À 30 ans, Federer est prêt à ménager sa monture pour arriver en forme dans les moments clés de la saison, et le Masters en est un. Cette pause lui a fait le plus grand bien. À Bâle, il a soulevé le trophée une cinquième fois, avant de remporter pour la première fois le Masters 1 000 de Paris-Bercy, sans perdre un set. « *Aujourd'hui, j'ai affronté l'ancien Roger Federer, celui qu'on a connu il y a quelques années et qui gagnait tout* », a prévenu Tomas Berdych, sa victime en demi-finale à Paris (6-4, 6-3). À Londres, le tenant du titre a débuté son Masters en remportant sa 16e victoire consécutive en indoor contre Jo-Wilfried Tsonga (6-2, 2-6, 6-4).

Finaliste à Wimbledon et à l'US Open, battu par Novak Djokovic les deux fois, Nadal, 25 ans, a sauvé sa saison en remportant trois titres sur terre battue, dont Roland-Garros. Comme souvent, il arrive fourbu pour la fin de saison et les tournois en indoor, une surface qui ne lui sied guère. Blessé à l'épaule, il a renoncé au Masters 1 000 de Paris-Bercy. Il arrive donc à Londres après cinq semaines de pause et sans avoir joué un seul match en indoor depuis près de huit mois, pas l'idéal.

Pour son 80e match de l'année, Rafa a débuté sa semaine londonienne par une victoire face à Mardy Fish (6-2, 3-6, 7-6(3)), en souffrant de maux d'estomac dans le troisième set. Pas encore dans son assiette, il n'a pas pu s'entraîner le lendemain, la veille de son match contre Federer. Et puis Nadal n'a jamais battu son rival en indoor (3-0 pour Federer), un terrain aussi jalousement gardé par le Suisse que la terre battue par l'Espagnol. Bref, c'est assez clair, cette fois-ci Nadal n'est pas favori.

Les deux légendes fendent tour à tour l'obscurité de l'O2 Arena dans une mise en scène soignée. En configuration tennis, la salle accueille 20 000 spectateurs, soit le deuxième plus grand stade de tennis au monde après le court Arthur-Ashe de l'US Open. Nadal arbore un tee-shirt gris foncé sur lequel un discret logo a fait son apparition, au dos. Il représente deux éclairs symétriques qui, une fois assemblés, forment la tête d'un taureau, l'animal qui symbolise le jeu et la personnalité de Rafa, mais pas son signe astrologique (il est Gémeaux). Un symbole spécialement conçu par Nike qui permet à Nadal d'avoir son propre logo, on n'arrête pas le progrès. Dans ce domaine, Federer avait été précurseur avec le célèbre monogramme « RF », conçu dès 2003 pour le très collector parfum Roger Federer, mais qui a bien évolué quand Nike l'a repris à son compte en 2009.

Le tube de Beyoncé « *Crazy in Love* » accompagne les deux joueurs pendant l'échauffement, le show est prêt à commencer. Si le début de match est équilibré, on sent vite que la forme du moment et les conditions de jeu sont nettement à l'avantage de Federer. Comme un poisson dans l'eau, il navigue avec grâce sur la surface bleue, tandis que Nadal bat déjà très fort des pieds pour éviter de couler. À 3-2, le Suisse convertit sa première balle de break à l'issue d'un point de dingue de 33 coups. L'entraîneur de Federer, Paul Annacone, applaudit, les 20 000 autres spectateurs aussi. Le jeu suivant débute avec une formidable demi-volée de coup droit gagnante, la confirmation que le Federer des grands soirs est de sortie. Comme l'an passé en finale du Masters, Nadal a un mal fou à retourner les services extérieurs slicés de Federer, qui font mouche chaque fois côté égalité. 6-3 en

32 minutes, 81 % de premières balles, le « Fed-Express » vient de passer.

Aérien, silencieux, épuré, tonique, Federer a retrouvé son jeu de jambes, la clé de voûte de son jeu spectaculaire. « *Tout mon jeu dépend de mes jambes. Quand je bouge bien, je joue bien* », a confirmé l'intéressé. « *Quand on regarde les ballerines, ça a l'air facile, mais pensons-nous pour autant qu'elles ne travaillent pas ? Si, elles travaillent très dur, et c'est la même chose pour Roger* », assure son préparateur physique Pierre Paganini. Loin de faiblir, le niveau de la ballerine atteint des sommets au deuxième set, au grand désarroi de Nadal, incapable de suivre ce rythme infernal. Chacune de ses tentatives de rébellion est réprimée par une salve de coups gagnants. Décourageant. Les jeux défilent pour Federer, plus dominateur que jamais face à son rival. La tête haute, Rafa attend stoïquement que Roger veuille bien abréger ses souffrances, ce qui ne tarde pas. Après seulement une heure de jeu, le maître termine son récital sur un 6-0, le quatrième dans l'histoire des Fedal (et le troisième pour Federer).

Vingt-huit coups gagnants pour seulement huit fautes directes, ce bilan impressionnant suffit à résumer « *une des meilleures prestations de ma carrière* », dixit Federer, qualifié pour les demi-finales. Nadal quitte le court rapidement, mais s'arrête quand même signer quelques autographes sur le chemin du vestiaire, la classe. « *Aujourd'hui il a joué à un niveau fantastique, un niveau spécial que seul Roger peut atteindre* », reconnaît-il sans se faire prier.

Sur ses sensations du moment et son état physique, Nadal est plus évasif. Battu par Tsonga lors du dernier match de poule (7-6(2), 4-6, 6-3), il n'a pas l'air très malheureux de quitter Londres pour rejoindre Séville et sa terre battue où il remporte quelques jours plus tard une quatrième Coupe Davis contre l'Argentine. Après avoir battu Ferrer en demie (7-5, 6-3), Federer, lui, domine Tsonga une deuxième fois en finale (6-3, 6-7(3), 6-3). Il décroche son 70e titre, son sixième au Masters, un record. Tomas Berdych avait raison : le grand Federer est bel et bien de retour, pourvu que ça dure.

Vainqueur : Federer
Score : 6-3, 6-0
Durée : 1 h 01
Le point : L'échange marathon de 33 coups remporté par Federer pour faire le break à 3-2, 0/40 au premier set.
Le chiffre : 8, soit le nombre de fautes directes commises par Federer. Son record absolu lors d'un Fedal.
À noter : En termes de nombre de jeux (15), c'est le Fedal le plus court.
Bilan : Nadal 17 – Federer 9

N° 27

Jeudi 26 janvier 2012
Open d'Australie

Demi-finale

« Bien sûr nous eûmes des orages… » Comme toute relation longue durée, celle entre Roger Federer et Rafael Nadal n'a pas manqué de traverser quelques zones de turbulences. Ainsi, avant cet Open d'Australie 2012, il y a un peu d'eau dans le gaz entre les deux hommes, qui viennent de s'affronter lors de l'exhibition de pré-saison d'Abu Dhabi (victoire de Nadal 6-1, 7-5 lors d'un match pour la troisième place). Alors que la confrérie des joueurs professionnels a lancé un mouvement de grogne contre les cadences infernales, réclamant aux instances un calendrier allégé et mieux pensé, Nadal reproche à Federer un comportement un peu trop lisse et consensuel au sein de ces discussions. *« Sa posture est trop facile : il dit toujours que tout va bien et passe ensuite pour le gentleman… »*, s'est-il ainsi épanché auprès de la presse espagnole.

Le Majorquin en a gros sur le cœur. Il a fini l'exercice 2011 sur les rotules, essoré par son vain combat contre Novak Djokovic qui lui a inexorablement ravi la place de n° 1 mondial. Il a en plus été laminé par Federer au Masters (6-3, 6-0), avant d'être finalement victime d'une blessure à l'épaule qui lui a coûté quinze jours durant l'intersaison. Et à la veille de son entrée en lice pour ce premier Grand Chelem de l'année, crac ! Une violente douleur au genou droit ressentie au moment de se lever d'une chaise. La tuile… En pleurs dans sa chambre d'hôtel, Rafa a bien cru que son tournoi était terminé avant même d'avoir commencé. Une IRM passée à la hâte ne décèlera heureusement rien de grave, *a priori* un pincement de tendon qui lui vaudra simplement de jouer avec un large bandage. Mais la malédiction australienne – il s'était blessé en quart lors des deux précédentes éditions – a bien failli le rattraper.

Finalement, trois ans après leur mémorable finale en ces mêmes lieux, Nadal et Federer sont donc bel et bien tous deux présents au rendez-vous fixé, cette fois, en demi-finale. C'est d'ailleurs la première fois qu'ils se retrouvent avant la dernière marche d'un Grand Chelem depuis Roland-Garros 2005. La conséquence arithmétique de la prise de pouvoir de Novak Djokovic, qui a fini par briser leur hégémonie quasi totale en battant notamment Nadal six fois sur six en 2011, dont deux lors des finales de Wimbledon puis de l'US Open. Ce qui a d'ailleurs poussé l'Espagnol, fait rarissime, à faire évoluer son matériel. Pour cette nouvelle saison, Rafa a mis un peu de plomb dans sa tête de raquette (trois grammes), dans le but de gagner de la puissance et de la lourdeur à la frappe.

À respectivement 25 et 30 ans, Nadal et Federer sont toujours là, fidèles aux (avant-)postes. Comme en 2009, ils présentent, au moment de leurs retrouvailles, des feuilles de route très différentes. Federer, qui est donc invaincu depuis l'US Open, n'a pas perdu un set, surclassant notamment Juan Martin Del Potro en quart (6-4, 6-3, 6-2) à l'occasion de son 1 000e match sur le circuit ATP, se qualifiant ainsi pour sa 30e demi-finale majeure, à une unité du record de Connors ; alors que Nadal, lui, a tapé dans la réserve au tour précédent lors d'un superbe combat de 4 h 16 face à Tomas Berdych (6-7(5), 7-6(6), 6-4, 6-3). Cette confrontation, leur dixième en Grand Chelem (record ère Open de McEnroe-Lendl égalé), se dispute en soirée, le jour de la fête nationale australienne. On sait déjà qu'elle sera interrompue dans une petite heure et demie, sur les coups de 21 heures, par le traditionnel feu d'artifice.

Avant les festivités, on dirait que Federer a décidé d'engranger le plus de points possible. Le Suisse, qui choisit comme d'habitude de commencer vent dans le dos, réussit un début de match tambour battant, remportant blanc son premier jeu de service avec trois coups gagnants, puis breakant dans la foulée sur une flèche de revers supersonique. En quelques minutes, il se détache 3-0. Soit désormais 10 jeux inscrits consécutivement face à Nadal, dans la continuité de la précédente rencontre entre les deux hommes, au Masters de Londres.

Mais Nadal, face à son rival, a appris à laisser patiemment passer l'orage. Après avoir encaissé une pluie de coups gagnants et un déluge de services canons (Federer passe 15 de ses 16 premières balles du match !), il entrevoit la lumière à 4-2 et s'y engouffre en débreakant contre le cours du jeu sur un passing de coup droit. L'affaire se joue donc au jeu décisif. Et dans cet exercice, entre les deux hommes, c'est assez indécis : ils en ont chacun remporté neuf depuis le début de leur rivalité.

Mais Roger finit par faire la différence, notamment grâce à une indécente demi-volée de revers gagnante à 5-3. Statistiquement, il devient nettement favori : dans 14 des 15 derniers Fedal, le vainqueur du premier set a été le vainqueur du match. Le Suisse poursuit d'ailleurs sa démonstration dans le deuxième set qu'il attaque, toujours vent dans le dos, avec un break blanc d'entrée grâce à un revers gagnant pleine lucarne. Consultant pour la télévision américaine, l'ancien joueur américain Brad Gilbert s'émerveille de le voir frapper ce revers de manière toujours plus précoce et agressive, au lieu d'user de son « chip » comme il fait plus souvent face à d'autres adversaires.

Mais l'homme aux seize titres du Grand Chelem connaît un nouveau trou d'air sur son jeu de service suivant. Nadal revient illico, puis réussit à 2-3 un nouveau break qui, lui, ne doit rien à un coup de pouce adverse : Rafa va le chercher au prix de deux passings sensationnels en bout de course, l'un de coup droit, l'autre de revers. *Venga !* Le taureau de Manacor est lâché. Et la dynamique a changé de camp. Lorsque le match est – comme prévu – interrompu une dizaine de minutes par les célébrations de l'Australia Day (à 5-2), Federer en profite pour aller se changer les idées hors du court. Mauvaise idée : à son retour il attaque par une double faute, ne passe aucune première et se fait breaker blanc : un set partout…

Si Federer avait déjà un peu perdu la flamme juste avant le feu d'artifice, celui-ci a achevé de le faire exploser en vol : 11 points encaissés consécutivement après la reprise (14 en tout), dont deux doubles fautes d'affilée qui lui valent de se retrouver à 1-0, 0/40 dans le troisième set… Son début de match virevoltant ressemble de plus en plus à un pétard mouillé. Pourtant, le quadruple vainqueur du tournoi sauve son jeu de service un peu miraculeusement. Et c'est finalement lui qui breake le premier dans ce troisième set, à 3-3, là aussi, un peu contre le cours du jeu. Un avantage qu'il rend tout de suite avec une nouvelle double faute à la clé, sous les yeux de Kim Clijsters, qui a pris place en tribunes quelques heures après sa défaite face à Victoria Azarenka lors de la première demi-finale féminine. Ce match devient décidément difficile à lire.

Après avoir sauvé une balle de set à 6-5 sur son service, Federer réussit un « hot shot » d'un genre un peu particulier, avec la complicité du ramasseur de balles au filet qui se voit expédier une balle directement dans la main, un « catch » spectaculaire qui fera le régal de la Toile.

Magnifique, mais insuffisant pour le mettre en confiance avant le jeu décisif qui se profile encore. Roger rate complètement l'entame de celui-ci. Mené 6 points à 1, il trouve quand même le moyen de mettre la pression sur son rival en sauvant cinq balles de set, mais Nadal finit par conclure en déclenchant son traditionnel plan d'urgence tennistique : service croisé sur le revers, accélération de coup droit dans l'angle opposé. Et un *« Vamos »* tonitruant en guise de paraphe. 7-6 Nadal, deux sets à un.

Le plus dur est fait ? Pas si vite… L'Espagnol est au-dessus dans la plupart des secteurs clés (pour la première fois dans un match hors terre battue, il finira même devant au pourcentage de points gagnés sur première balle), mais encore faut-il finir le travail. Et, aujourd'hui, il a un peu de mal. Il gâche étrangement bon nombre d'opportunités : dix balles de break en tout, dont quatre dans ce quatrième set où Roger n'est qu'à quelques millimètres de transformer sa première occasion, à 3-4. Persévérant, Rafa finit par trouver l'ouverture au jeu suivant. Mais c'est la même chanson : il faut conclure…

Or, après avoir manqué une balle de match en expédiant un (difficile) passing de revers dans le couloir, Nadal doit faire face à une balle de 5-5. Balle que Roger s'apprête à transformer : il a trouvé la faille à l'échange et n'a « plus qu'à » poser son coup droit de finition. Une formalité. Sauf qu'il n'en met pas assez dans ce coup droit. En face, avec l'énergie du désespoir, l'Espagnol s'étend de tout son long pour ramener la balle d'un lob impossible qui s'élève très haut dans le ciel et retombe sur la ligne de fond, poussant son adversaire à expédier dans le couloir un improbable smash après rebond. Un coup de défense génial qui fait aussi office de coup de grâce pour Roger. Deux points plus tard, Nadal profite d'une dernière faute de coup droit adverse pour s'imposer. Encore une fois, il aura retrouvé son meilleur tennis au meilleur moment contre Federer.

Juste après sa victoire, au micro de Jim Courier, Nadal, comme pour dissiper définitivement les petites brouilles d'avant-tournoi, insiste sur l'importance que Federer aura eue dans sa carrière. « *Contre lui, je n'ai jamais cessé d'apprendre. Parce que j'ai toujours eu l'impression d'avoir un joueur plus fort en face de moi.* » Une belle déclaration qui ne l'avait pas empêché, quelques minutes plus tôt, de célébrer sa victoire presque comme un titre, genoux à terre, regard extatique vers le ciel. L'habitude, peut-être. Sauf que là, il y a encore un match à jouer. À 25 ans, Nadal devient certes le quatrième joueur de l'ère Open à se qualifier pour une quatrième finale de Grand Chelem consécutive (après Rod Laver, Andre Agassi et Roger Federer), mais il deviendra aussi le premier à en perdre trois de suite. Encore et toujours face au même homme : Novak Djokovic…

Vainqueur : Nadal
Score : 6-7(5), 6-2, 7-6(5), 6-4
Durée : 3 h 42
Le point : Le passing de coup droit croisé en bout de course de Nadal pour contrer un smash de revers de Federer, à 3-2, 0/30 dans le deuxième set.
Le chiffre : 14, soit le nombre de points inscrits consécutivement par Nadal entre la fin du deuxième set et le début du troisième.
À noter : Hors Roland-Garros, c'est le seul match en Grand Chelem remporté par Nadal après avoir perdu le premier set.
Bilan : Nadal 18 – Federer 9

N° 28

Samedi 17 mars 2012
Indian Wells

Demi-finale

Ah, Indian Wells… Haut lieu de villégiature pour milliardaires du troisième âge à la peau plus liftée qu'un coup droit de Nadal, cette bulle de quiétude posée entre les contreforts de la Vallée centrale et le désert de Sonora doit sa réputation, outre à son tournoi de tennis, à ses villas mirifiques, ses parcours de golf luxueux ainsi que son climat chaud et ensoleillé.

Chaud et ensoleillé ? Sur ce point, on repassera. Ce samedi 17 mars 2012, il fait un temps à ne pas mettre un Fedal dehors : à peine 10 °C, un crachin persistant et un vent affreusement glacial. Pour leur premier duel en Californie, où ils ont curieusement attendu le mitan de leur carrière pour se retrouver, Federer et Nadal doivent patienter trois heures et demie supplémentaires aux vestiaires à l'issue de la première demi-finale (marquée par le succès de

John Isner face à Novak Djokovic) avant de pouvoir enfin faire leur entrée sur le court, devant des spectateurs frigorifiés, armés de coupe-vent à capuche et même de serviettes-éponges. Ce n'est plus le BNP Paribas d'Indian Wells, c'est l'Open de Norvège. Jamais, peut-être, les deux légendes ne se sont affrontées dans des conditions aussi pénibles.

Pénible, ce tournoi l'est depuis le début pour Roger Federer, touché par le mystérieux virus qui a sévi en coulisses, provoquant une cascade de forfaits (huit en tout) chez les hommes comme chez les dames. Même s'il a été moins atteint que certaines personnes de son entourage, notamment son entraîneur Paul Annacone, le Suisse a lui aussi hésité à se retirer avant son entrée en lice face à l'Américain Denis Kudla. Finalement, il a joué mais s'est montré poussif durant la première partie de son parcours, concédant le premier set au Canadien Milos Raonic ainsi qu'au Brésilien Thomaz Bellucci. Et puis il a retrouvé son tennis de gala en quart de finale face à sa victime préférée du moment, Juan Martin Del Potro, qu'il avait déjà battu à Rotterdam et à Dubaï (où il s'était imposé) mais aussi à l'Open d'Australie. Juste avant, là encore, d'affronter Nadal en demie.

Nadal, lui, s'est mis au repos depuis l'Australie, le temps aussi de soulager son genou droit. Mais il a bien repris le train en marche, survivant notamment à un quart compliqué face au redoutable

David Nalbandian (4-6, 7-5, 6-4). Voilà un moment que Rafa joue bien. Et pourtant, contrairement à son rival qui compile les titres depuis plusieurs mois, lui n'a plus soulevé de trophée depuis Roland-Garros 2011. Il a néanmoins l'avantage psychologique d'avoir remporté le dernier Fedal. Certains disent qu'il a aussi l'avantage des conditions, de la surface jugée *« très lente »* par Federer, mais également du vent, auquel son jeu s'accommoderait mieux. Dit-on…

Une théorie qui ne se vérifie pas précisément sur le terrain, où, bien au contraire, c'est Federer qui prend un départ virevoltant pour se détacher 3-0 en pratiquant un « hourra tennis » normalement impossible dans ces conditions, du moins pour un être humain normalement constitué. Voilà trois matchs d'affilée que le Suisse réussit le break d'entrée face à Nadal. Tout le problème, évidemment, restant de le conserver. Progressivement, Nadal met son rouleau compresseur en route et recolle à 3-3.

Mais l'Espagnol n'est pas si à l'aise que ça dans ce vent qui forcit encore. Cela se voit à des erreurs inhabituelles mais aussi au temps particulièrement long qu'il prend avant de servir, en moyenne 30 secondes (contre 21 pour son adversaire), bien au-dessus des 25 secondes autorisées. Alors que Roger, aujourd'hui, a les attributs du dieu Éole. Le Suisse hisse à nouveau la grand-voile pour une seconde accélération qui, cette fois, laisse son rival sur place. Évoluant devant une box à connotation très people – de la chanteuse Gwen Stefani à la papesse de la mode Anna Wintour, en passant par l'ancienne joueuse Mary Joe Fernandez, par ailleurs épouse de son agent Tony Godsick –, le n° 3 mondial sort son tennis VIP en cette fin de premier set, dont il gagne les sept derniers points, avec, pour finir, un impeccable contre de revers et une sublime amortie de coup droit. Le tout ponctué d'un magnifique 9/9 au filet. Sublime !

Cela dit, même si c'est moins habituel, Nadal aussi a mis de la jet-set dans son clan, en la personne de l'acteur Ben Stiller, qui ne cesse de bavarder avec l'attaché de presse historique du Majorquin, Benito Perez-Barbadillo. On n'est pas très loin de Los Angeles, les figures du grand ou du petit écran sont de sortie, à l'image aussi de Christine Taylor ou de Will Ferrell. Devant un tel parterre de stars, l'Espagnol ne va pas non plus se contenter du rôle du figurant énamouré. Mais quel rebondissement pourrait bien le sauver face à un adversaire pareillement déchaîné ? La pluie, peut-être ? Essayons…

À 1-0 pour Nadal, 30/15 sur le service de Federer, le ciel californien se met à déverser quelques gouttes. Pas le déluge, mais suffisamment pour rendre le terrain glissant. L'arbitre Steve Ulrich descend de sa chaise et propose aux deux joueurs de s'arrêter quelques instants. Après trois minutes de palabres avec le superviseur, le jeu reprend. Federer attaque par un service-volée sur deuxième balle, hardi mais payant. Dans la foulée, il breake blanc. Le coup de la pluie n'a pas fonctionné pour Rafa, qui balance rageusement une balle derrière lui.

L'Espagnol, nerveux, peste beaucoup à l'intention de son clan. Son principal problème, aujourd'hui, est de ne se procurer quasiment aucun point gratuit. Preuve en est sa participation très mesurée à l'opération caritative organisée à Indian Wells où chaque ace inscrit rapporte 25 dollars à une association : zéro... C'est au contraire une double faute qui, à 2-4, offre une nouvelle balle de double break à Federer, lequel la transforme d'une accélération de coup droit. Un break salué par l'étrange retentissement d'une corne de brume en tribunes, tandis que la sono se met à cracher à pleins poumons le célèbre tube de James Brown, « *I Feel Good* », qui résume bien l'état d'esprit des supporters helvètes à ce moment-là.

Mais évidemment, Nadal n'abdique pas – pléonasme. Dos au mur, il efface l'un de ses deux breaks de retard en réussissant trois coups droits gagnants, c'est-à-dire plus en un jeu que dans tout le match. Et à 5-4, alors que Federer s'apprête à servir pour la victoire, il demande et obtient l'autorisation exceptionnelle d'une pause pipi express, comme pour faire passer un message très clair à son rival : mon coco, cette histoire n'est pas encore terminée. Comme par hasard, à la reprise, Federer se met à bafouiller son service, commettant même une double faute qui le place dans une situation délicate (15/30).

S'ensuit, à 30/A, un long échange dans lequel Nadal prend l'ascendant. Mais, peut-être perturbé par la pluie qui se remet à tomber en plein rallye, l'Espagnol expédie son attaque de coup droit dans le filet. Federer serre virilement le poing. Balle de match, donc et… nouvelle descente de chaise de Steve Ulrich ! Match encore interrompu à cause de la pluie. Pour les deux joueurs, et particulièrement pour Federer, bonjour l'angoisse. « *Je n'avais qu'une crainte à ce moment-là, c'est que ça dure et que l'on soit même obligés de sortir du court* », avouera le Suisse, faisant référence à l'épisode du feu d'artifice qui lui avait coupé les pattes en Australie. Mais finalement, le jeu pourra reprendre rapidement. Au moins Federer aura-t-il eu tout le temps de réfléchir à sa zone : ce sera une première balle extérieur. Ace ! La reprise aura duré une fraction de seconde…

Suffisant pour faire le bonheur du trentenaire bâlois, ravi de sa performance quatre étoiles saluée d'ailleurs aussi par Nadal, qui regrettera de son côté que la fraîcheur et l'humidité ambiantes aient, selon lui, absorbé le rebond habituel de son lift. Tant mieux pour Federer, qui confirmera ses belles dispositions en finale pour remporter contre John Isner (7-6(7), 6-3) son 19e Masters 1 000 (le 4e à Indian Wells), record de Djokovic égalé. Voilà qui valait la peine de mouiller le maillot.

Vainqueur : Federer
Score : 6-3, 6-4
Durée : 1 h 32
Le point : Le coup droit gagnant long de ligne frappé par Federer après un échange de 19 coups, à 2-0, 30/A dans le premier set.
Le chiffre : 12/13, le nombre de points inscrits par Federer au filet.
À noter : C'est seulement le premier Fedal joué sur dur extérieur et en deux sets gagnants remporté par Federer.
Bilan : Nadal 18 – Federer 10

N° 29

Jeudi 14 mars 2013
Indian Wells

Quart de finale

À quoi reconnaît-on le temps qui passe ? Peut-être, parmi d'autres choses, à la raréfaction naissante des Fedal. Lorsqu'ils se retrouvent en quart de finale du tournoi d'Indian Wells, cela fait quasiment un an jour pour jour que les deux légendes ne se sont plus affrontées, depuis leur demi-finale en ces mêmes lieux, en 2012. Une éternité, même si on avait déjà connu deux fois une traversée du désert aussi longue entre deux Fedal, entre Miami 2004 et Miami 2005, puis entre Madrid 2009 et Madrid 2010… Par ailleurs, jamais depuis leur premier duel en 2004 ils ne s'étaient croisés à un stade aussi précoce de la compétition, si l'on excepte la phase de poule du Masters.

Tout cela, c'est de la faute de Rafa, qui s'est absenté sept mois entre sa défaite au 2e tour de Wimbledon face à Lukas Rosol, en juillet 2012, et son come-back en février 2013 lors de la saison sud-américaine sur terre battue, à Viña del Mar. Touché par une tendinite au genou gauche, l'Espagnol est redescendu à la 5e place mondiale, son classement le plus bas depuis huit ans. Mais il a réussi un retour d'enfer, remportant 14 de ses 15 matchs avec une finale d'emblée à Viña del Mar suivie de deux titres à São Paulo puis à Acapulco. Pas mal, pour un convalescent… À Indian Wells, encore un peu en rodage lors de son entrée en lice face à l'Américain Ryan Harrison (7-6(3), 6-2) – normal, pour son premier tournoi sur dur depuis un an –, il a bénéficié d'un coup de pouce avec le forfait de Leonardo Mayer avant de s'en tirer *in extremis* face à Ernests Gulbis, 7-5 au troisième set.

De son côté, pendant que son rival était sur la touche, Roger Federer aura vécu beaucoup d'émotions. À Wimbledon, l'été dernier, il a remporté son 17e titre du Grand Chelem, le premier depuis deux ans et demi, ce qui lui a permis de retrouver pour quelques mois sa place de nº 1 mondial. Il a ensuite décroché une médaille d'argent olympique (toujours à Wimbledon) puis s'est imposé à Cincinnati. Alors, même s'il n'a plus gagné de titre depuis, le favori de ces retrouvailles, surtout sur cette surface, ce serait quand même plutôt lui. Sauf que… Après deux premiers tours expéditifs face à Denis Istomin (6-2, 6-3) et Ivan Dodig (6-3, 6-1), le Suisse a commencé à ressentir une douleur au dos qu'il n'a pas arrangée ensuite lors d'un match très pénible face à son compatriote Stan Wawrinka, s'imposant (lui aussi) 7-5 au troisième set. Dans quel état se trouve-t-il ? Comme d'habitude, avant son match, il laisse planer le mystère...

Mais Nadal comme Federer auront connu leur plus grosse frayeur deux jours plus tôt, en expérimentant le premier tremblement de terre de leur vie. Le 11 mars, une secousse de magnitude 4,7 s'est fait sentir à Indian Wells, sans rapport avec les marteaux-piqueurs s'affairant dans le stade pour de gros travaux d'agrandissement avec notamment la construction d'un nouveau court de 8 000 places. Non, là, il s'agit d'un véritable séisme, chose certes assez fréquente ici à proximité de la faille de San Andreas, mais tout de même toujours impressionnante à vivre. Nadal, qui était alors en pleine séance de massage, et Federer, qui se trouvait dans sa résidence de location, ont avoué sans fard avoir eu une belle frousse.

Mais malgré ces émotions et un contexte un peu compliqué pour l'un comme pour l'autre, les deux hommes rentrent plutôt bien dans leur partie, instaurant d'entrée un bras de fer qui met quelques minutes à choisir son camp. Et puis, on s'aperçoit assez vite que Federer, qui ne s'est pas entraîné avant ce match, est sur la corde raide. Après avoir écarté d'un ace une première balle de break à 2-2, le désormais n° 2 mondial cède son engagement à 3-3, au terme d'un long jeu au cours duquel il a manqué trois balles de 4-3. Difficile à croire, mais le match est, pour ainsi dire, terminé. Même s'il sauve courageusement deux balles de set à 5-3 sur son service, Federer finit par concéder logiquement cette première manche 6-4. On décèle, dans une inhabituelle raideur gestuelle au service, qu'il est à la peine.

L'impression se confirme très rapidement lors du deuxième set où Nadal, virevoltant malgré son strapping au genou gauche, s'envole très vite face à un Federer qui écourte de plus en plus les échanges, incapable de tenir le rythme. Mené 3-0 double break, Roger refait à l'orgueil l'un de ses deux services de retard mais tout le monde a compris, lui le premier, que ça n'irait pas beaucoup plus loin. Le Suisse, manifestement diminué, s'écroule, à l'image de ce revers « baduf' » sur la balle de match. Il donnera plus tard des précisions sur sa douleur au dos, une sorte de pincement qu'il a déjà connu par le passé, notamment à Bercy en 2008 où il avait dû, pour la toute première fois de sa carrière, déclarer forfait en cours de tournoi.

Rafa est le premier à s'enquérir de son état physique lors de la poignée de main mais Federer, seigneur, le félicite chaleureusement en niant tout problème. Oubliée, la nouvelle petite passe d'armes qui a opposé les deux hommes par presse interposée quelques mois plus tôt, en plein débat sur la nécessité demandée par certains – dont Federer –

de durcir la règle contre les dépassements de temps. *« Je ne comprends pas que Rafa puisse jouer quatre heures sans prendre un seul avertissement »*, avait notamment lancé Roger, qui avait eu gain de cause puisque l'ATP, pour le début de cette saison 2013, avait concocté une nouvelle règle plus sévère, qualifiée de *« désastreuse »* par Nadal.

Voilà qui n'aura donc pour autant pas trop perturbé l'Espagnol, toujours aussi à l'aise sur le dur californien puisque c'est la huitième année consécutive qu'il y atteint le dernier carré. Il fera mieux puisqu'il remportera le titre en signant en finale contre Juan Martin Del Potro sa 600e victoire sur le circuit pro, pour le 53e titre de sa carrière. Dont trois sur l'ensemble de ce premier trimestre 2013 – un record pour lui – et 22 en Masters 1 000, reprenant dans ce domaine le leadership à Roger Federer. Entre les deux hommes, le chassé-croisé se poursuit, encore et encore…

Vainqueur : Nadal
Score : 6-4, 6-2
Durée : 1 h 25
Le point : L'enchaînement amortie/petite pichenette lobée de revers de Federer à 3-3, 0/0 dans le premier set.
Le chiffre : 51, soit le pourcentage de points marqués par Federer derrière son service (première

et deuxième confondues). Hors terre battue, c'est son plus faible total dans un Fedal.
À noter : C'est la seule victoire de Rafa lors d'un Fedal à Indian Wells (pour deux défaites et un forfait).
Bilan : Nadal 19 – Federer 10

N° 30

Dimanche 19 mai 2013
Rome

Finale

Depuis leur précédente confrontation deux mois plus tôt à Indian Wells, les deux hommes ont connu deux trajectoires bien différentes. Nadal a poursuivi sa belle moisson de victoires « post-come-back » au gré d'un début de saison sur terre battue réussi, malgré une finale de Monte-Carlo perdue contre Novak Djokovic, bien épongée par deux titres à Barcelone puis à Madrid. Federer, lui, est entré dans une période compliquée, perturbé depuis sa défaite face à Rafa à Indian Wells par des soucis récurrents au dos, qui l'ont obligé à revoir son programme et se ménager une longue plage de repos entre Indian Wells et Madrid, deux mois plus tard. Dans la capitale espagnole, où il a attaqué sa saison sur terre, il n'a glané qu'une victoire avant de s'incliner face au Japonais Kei Nishikori.

Dans ce contexte, le retrouver en finale du Masters 1 000 de Rome est presque une surprise. Avec une part de réussite aussi puisqu'il n'a pas eu à éliminer une seule tête de série pour en arriver là. La veille, il a battu le Français Benoît Paire, 23 ans, l'invité surprise de ces demi-finales. Le problème, pour Roger, c'est que la marche va s'avérer trop haute face à Nadal, lequel a pour sa part eu la possibilité d'éprouver sérieusement son tennis au fil d'un parcours plus corsé (David Ferrer en quart et Tomas Berdych en demie). Avec le recul, le crash était presque inévitable...

Nous conseillons donc aux « Federistes » de ne pas revoir ce match. Ou alors, seulement le premier jeu. Le Suisse le remporte avec autorité grâce à un ace, une accélération de coup droit et deux volées gagnantes, révélateurs de la stratégie ultra-offensive qu'il a décidé d'adopter ce jour-là. Est-il encouragé dans cette voie par les conditions ensoleillées qui règnent sur le Foro Italico ? En réalité, c'est une tactique un peu par défaut, une tentative kamikaze, quasiment un suicide programmé. Après ce départ en trompe-l'œil, le n° 2 mondial se met à empiler les erreurs. Son coup droit, notamment, s'enraye dans des proportions rares chez lui puisqu'il commettra autant de fautes directes de ce côté-là qu'en revers.

Jusqu'à 6-1, 5-1, c'est donc une véritable boucherie. L'Espagnol, certes extrêmement solide, n'a souvent qu'à se baisser pour ramasser les cadeaux adverses, à l'image de la balle de premier set vendangée d'une volée penalty de coup droit dans le couloir. Pour Federer, c'est un cauchemar. Le maestro, auteur de 32 fautes directes, inscrit à peine 38 % de tous les points du match (36 sur 95), une misère à ce niveau. Sur la terre battue romaine, il est plus impuissant que jamais au service, un coup sur lequel il se montre étonnamment prudent. Résultat : Nadal le retourne 85 % du temps…

Le deuxième set est toutefois un peu plus disputé. On y voit Federer ajuster légèrement sa tactique, se montrer un peu plus précis et percutant. Ce qui lui vaut de réussir son premier break (blanc) au moment où Nadal sert pour le match. Mais c'est un simple sursis. Deux jeux plus tard, l'Espagnol ne tremble pas quand il s'agit de servir une deuxième fois pour le titre. Chose faite d'un jeu blanc qui lui permet d'engranger son succès le plus expéditif face à Federer et sa 36e victoire en 38 matchs depuis le début de sa saison. *« Si vous m'aviez dit ça il y a quelques mois, je vous aurais pris pour un fou »*, réagit-il ensuite en conférence de presse. Après cette nouvelle raclée sur terre battue, Federer, lui, paraissait beaucoup moins étonné par la performance de son rival.

Une performance qui permet à Rafael Nadal de confirmer son retour en grâce avec déjà son sixième titre de la saison, son septième à Rome et son 56e au total. Mais également de passer n° 1 à la Race devant Novak Djokovic et de marquer encore un peu plus sa domination sur son grand rival.

Vainqueur : Nadal
Score : 6-1, 6-3
Durée : 1 h 09
Le point : Le passing de revers long de ligne qui permet à Nadal de se détacher 5-1 dans le deuxième set.
Le chiffre : 14/15, soit la série de points marqués par Nadal entre 1-1, 30/A et 5-1, 0/15 dans le premier set.
À noter : C'est la victoire la plus rapide de Nadal sur Federer.
Bilan : Nadal 20 – Federer 10

N° 31

VENDREDI 16 AOÛT 2013
CINCINNATI

Quart de finale

À l'heure de s'affronter pour la toute première fois au Masters 1 000 de Cincinnati, jamais Roger Federer et Rafael Nadal n'avaient semblé être sur deux trajectoires aussi opposées. Depuis la raclée infligée à son rival en finale de Rome quelques mois plus tôt, Rafa a continué de faire tourner à plein régime la machine à gagner, remportant son huitième Roland-Garros et s'imposant récemment au Masters 1 000 de Montréal. Certes, il a connu entre-temps sa première défaite au 1er tour d'un Grand Chelem face à Steve Darcis à Wimbledon, mais c'était *a priori* un simple accident de parcours dans une saison globalement brillantissime.

À l'inverse, la situation est très inquiétante pour Roger Federer qui traverse la première grosse crise de résultats de sa carrière : il n'a remporté qu'un « petit » tournoi cette saison (sur le gazon de Halle), n'a toujours pas joué de finale de Grand

Chelem et vient de subir, ô sacrilège, une défaite dès le 2e tour de Wimbledon, son jardin, face à Sergiy Stakhovsky, 116e mondial ! Lui qui avait atteint (au moins) les quarts de finale des 36 précédents tournois majeurs – un record – depuis Roland-Garros 2004…

Le problème pour Roger, c'est que son dos le fait régulièrement et de plus en plus souffrir depuis quelques mois. Pour compenser son manque de rythme et de victoires, il vient de prendre part – toujours pour la première fois depuis 2004 – à la tournée européenne sur terre battue du mois de juillet. Celle-ci a viré au fiasco : défaite en demi-finale à Hambourg face à Federico Delbonis, 114e mondial, puis d'entrée à Gstaad face à Daniel Brands, 55e.

Si Roger a pris part à cette tournée, c'est aussi et peut-être surtout pour tester une nouvelle raquette encore à l'état de prototype, toute de noir grimée, dotée d'un tamis plus grand que le modèle qu'il utilisait depuis ses débuts pros (632 cm^2 contre 580). Ceci afin de lui permettre de générer de la puissance plus facilement, quitte à perdre un peu de contrôle, mais c'est une assistance néanmoins bien utile quand on n'a plus 20 ans. Un choix que son idole Pete Sampras n'avait jamais voulu faire sur la fin de sa carrière et que l'Américain avait regretté par la suite. À 32 ans, Roger, qui avait déjà testé de nouveaux cordages en début d'année, semble quant à lui bien décidé à franchir le pas.

Toutefois, le Suisse est réapparu à Cincinnati avec sa raquette habituelle, de couleur rouge et blanche. Le changement, ce n'est pas pour maintenant. Besoin de se rassurer, sans doute. Cela dit, le maestro, justement, ne s'est pas rassuré lors de son début de parcours : après avoir sauvé une balle de deuxième set lors de son entrée en lice face à Philipp Kohlschreiber, il a ensuite été mené 6-1, 4-2 par un autre Allemand, Tommy Haas, avant de s'en sortir de justesse (1-6, 7-5, 6-3). Sera-ce suffisant pour rivaliser face à un Nadal qui, lui, a pulvérisé un autre Allemand, Benjamin Becker, avant de s'offrir un bon galop d'essai face au jeune Grigor Dimitrov, alias « Baby Fed », même si ce dernier a réussi à lui chiper un set ?

Avant le match, Federer est aperçu au restaurant des joueurs en pleine conversation avec son coach américain, Paul Annacone. Visiblement, l'aspect tactique est au cœur des échanges. Pour Federer, la problématique est toujours la même : trouver le juste compromis entre l'offensive et la patience. Il le trouve plutôt bien lors d'un début de partie équilibré, certes émaillé de pas mal de fautes de part et d'autre, mais en tout cas bien plus indécis qu'on ne pouvait le craindre.

Après avoir bataillé dès son premier jeu de service, Roger trouve la bonne carburation en première balle et donne l'impression globale de monter en puissance au fil du set. À 5-5, il dégaine et va chercher le break en déclenchant deux accélérations de coup droit, puis le set d'un magistral revers gagnant croisé. Le Suisse a gagné 12 des 15 derniers points de ce premier set. Le voilà sur orbite, comme ressuscité par la présence de son éternel rival de l'autre côté du filet.

S'il obtient, à 2-1 au deuxième set, ses deux premières balles de break de la partie, Nadal, décidément, ne trouve pas l'ouverture. Il est régulièrement mis sur la défensive par un Federer qu'on n'avait plus vu depuis longtemps à un tel niveau. Le Suisse a l'avantage dans quasiment tous les domaines statistiques, y compris les points remportés en fond de court.

À 3-3, 0/30 puis à 4-4, 15/30, l'Espagnol se retrouve dos au mur. Mais, dans ces deux situations, c'est encore une fois en venant au filet qu'il parvient à rétablir l'équilibre. Et à 5-4 en sa faveur, Nadal met un coup de pression à son adversaire, dont le coup droit se grippe subitement, comme par (dés)enchantement. Au terme d'un jeu à rallonge lors duquel il obtient néanmoins deux balles de 5-5, Federer finit par céder son service, et le set avec, sur un coup droit gagnant. Un peu contre le cours du jeu, tout est relancé !

À propos de coup droit, on note que Rafael Nadal a légèrement modifié le sien à la fois techniquement, pour être plus efficient sur dur, mais aussi tactiquement, puisqu'il le frappe à 42 % le long de la ligne, pilonnant ainsi moins souvent qu'à l'accoutumée le revers adverse. Libéré, il fait surtout beaucoup plus de dégâts avec qu'en début de match. De fait, l'Espagnol s'envole dans ce début de troisième set dont il remporte les sept premiers points. Il breake d'entrée et se détache 4-1, deux balles de 5-1.

Dans le clan Federer, composé (outre de Paul Annacone) de son épouse Mirka et de son kiné français Stéphane Vivier, qu'il a débauché de l'ATP, on fait grise mine. Le joueur paraît lui-même un peu résigné. Pourtant, il sauve ce jeu assez miraculeusement – Rafa a demandé à tort un challenge en plein échange sur sa deuxième balle de 5-1 – ce qui va lui permettre de prolonger le spectacle. Il ménage aussi le suspense en sauvant trois balles de match à 5-3, 40/0. Puis une quatrième dans la foulée. Mais ça n'est qu'un sursis. À sa quatrième occasion, Rafa conclut sur l'un de ses tours de passe-passe préférés : un coup droit bombé droit devant pleine ligne. Jeu, set et match Nadal.

Deux jours plus tard, l'Espagnol transformera l'essai en remportant le titre face à John Isner en finale (son 26e Masters 1 000), signant ainsi le premier doublé Montréal (ou Toronto) / Cincinnati depuis Andy Roddick en 2003, et conservant par ailleurs son invincibilité sur dur en 2013. Tout l'inverse de Federer qui, déchu de son titre dans l'Ohio, est assuré de chuter à la 7e place mondiale, son pire classement depuis 2002. Jamais, parmi les observateurs du tennis, on n'avait autant prononcé ou écrit le mot « déclin » à son sujet…

Vainqueur : Nadal
Score : 5-7, 6-4, 6-3
Durée : 2 h 14
Le point : L'enchaînement amortie/smash de revers de Nadal à 3-0 en sa faveur dans le troisième set (30/0 service Federer).
Le chiffre : 9, soit le nombre de points remportés consécutivement par Nadal à cheval entre la fin du deuxième set et le début du troisième.
À noter : C'est le seul Fedal joué en trois sets sur le continent américain.
Bilan : Nadal 21 – Federer 10

N° 32

DIMANCHE 10 NOVEMBRE 2013
MASTERS DE LONDRES

Demi-finale

Parmi les indicatifs les plus fiables pour vous poser une rivalité au sommet, il y a les confrontations au Masters. En cette fin de saison 2013, Roger Federer et Nadal s'y affrontent pour la cinquième fois, ce qui n'est pas un record (Sampras-Becker ont fait mieux avec sept duels), mais tout de même autant que des affiches mythiques telles que Lendl-McEnroe ou Lendl-Connors. En clair, c'est du sérieux…

Ces retrouvailles ont d'ailleurs été l'occasion pour les deux hommes de s'asticoter encore un peu, par conférences de presse interposées, à propos d'un sujet sur lequel Nadal est très à cheval : la surface sur laquelle doit se jouer le Masters. L'Espagnol, qui ne s'y est jamais imposé, trouverait juste que l'épreuve se dispute alternativement sur d'autres revêtements, et il pense bien sûr en premier à la terre battue. Federer, dont l'indoor est à l'inverse l'une des surfaces de prédilection, lui a rétorqué que le tennis sous cloche n'a plus qu'un Masters 1 000 au calendrier (Paris-Bercy) et mérite donc de conserver une épreuve aussi prestigieuse.

Les deux points de vue se défendent. En attendant, c'est bel et bien le somptueux décor très pop-rock de l'O2 Arena de Londres qui accueille ce 32e Fedal de l'histoire, dans une ambiance tout en nuances de bleu. Nadal est vêtu d'un polo turquoise assorti à la zone du fond de court et aux bâches publicitaires, Federer d'un bleu électrique qui rappelle la couleur de l'intérieur du terrain. Tout est raccord, donc.

Quant aux pronostics, ils sont assez nuancés eux aussi. Nadal a été battu quatre fois sur quatre par son rival au Masters, mais il arrive cette année gonflé à bloc après sa saison gargantuesque, qu'il avait commencée pied au plancher et qu'il a finie au sprint, en s'imposant à l'US Open – son 13e titre du Grand Chelem – puis en reprenant la place de n° 1 mondial à Novak Djokovic en atteignant la finale à Pékin, malgré sa défaite en Chine face au Serbe. Une place qu'il s'est assuré de conserver jusqu'à la fin de la saison en remportant ses deux premiers matchs de poule face à David Ferrer et Stan Wawrinka, chaque fois en deux sets. Bref, tout baigne du côté espagnol.

À l'inverse, Federer sort d'une année très perturbée par des soucis récurrents au dos. Après sa défaite choc au 2e tour de Wimbledon face à Sergiy Stakhovsky, il a connu une nouvelle désillusion à l'US Open en étant battu dès les huitièmes par Tommy Robredo après avoir été, de son propre aveu, totalement « *nul* », ce qui prend tout son sens quand on connaît sa manière habituelle de peser ses mots. Ensuite, il a été battu très tôt à Shanghai par Gaël Monfils et a annoncé dans la foulée la fin de sa collaboration avec Paul Annacone, qui le coachait depuis trois ans et demi et avec qui il n'aura remporté qu'un seul tournoi du Grand Chelem (Wimbledon 2012).

Heureusement, l'arrivée de la saison indoor lui a permis de retrouver le sourire. Finaliste à Bâle (battu par Juan Martin Del Potro) et demi-finaliste au Masters 1 000 de Paris-Bercy (défaite contre Novak Djokovic), il est sorti « ric-rac » d'une poule londonienne extrêmement corsée : battu d'entrée par ce même Djokovic (6-4, 6-7(2), 6-2), il s'est racheté ensuite face à Richard Gasquet (6-4, 6-3) avant de remporter un match-revanche décisif contre Del Potro (4-6, 7-6(2), 7-5) après avoir été mené 3-1 au deuxième set et 3-0 au troisième set. Tout cela lui a permis d'arracher son billet dans le dernier carré pour la onzième fois en douze participations au Masters, tournoi dont il est aussi le sextuple vainqueur, un record.

Bref, le Masters, c'est chez lui et Federer tient d'entrée à le faire savoir à son impudent adversaire en réussissant un premier jeu plein d'autorité. Nadal réplique aussitôt en remportant son premier jeu de service blanc en très exactement une minute et quinze secondes (tics compris), peut-être un record pour lui. Ça défile ainsi très vite jusqu'à 3-3 où là, les événements se précipitent. Dans ce jeu, Federer obtient trois balles de break dont une, la deuxième, qu'il manque en tentant une accélération de coup droit très audacieuse (mais largement dehors), parce qu'il s'est imaginé, comme il le dira plus tard, dans la position de *« l'outsider »* qui n'a rien à perdre. Les deux autres sont sauvées par Nadal grâce à son enchaînement préféré : service extérieur de gaucher/ coup droit gagnant. Et derrière, l'Espagnol va chercher le break à sa première occasion, cette fois encore d'un coup droit gagnant.

À 5-4, Rafael Nadal sert donc pour le set. Mais c'est le moment que choisit Roger Federer pour remporter sinon le plus beau, du moins le plus long point du match. Il le conclut d'un coup droit gagnant qui émeut visiblement beaucoup Madame. Prise par l'émotion, Mirka se laisse aller à donner un grand coup sur la cuisse du coach de son mari, le placide Séverin Lüthi, qui n'avait pourtant rien demandé. Mais qui a toutefois du mal à rester stoïque, lui aussi, lorsque son poulain revient à 5-5.

Au moment précis où l'on pense que Federer a fait le plus dur, voilà que son coup droit hoquette à nouveau. Résultat : un nouveau break de Nadal qui, cette fois, ne rate pas l'occasion de conclure, d'un jeu blanc. Comment ? Par sa spéciale, bien entendu. Voilà qui ravit toutes les femmes de sa vie, sa maman Ana Maria, sa sœur Maribel et sa petite amie Maria Francisca Perello, assises côte à côte dans les tribunes où l'on aperçoit également une jeune retraitée, Marion Bartoli, elle aussi victorieuse à Londres quelques mois plus tôt, mais du côté de Wimbledon.

Dans le deuxième set, le combat se poursuit jusqu'à 2-2, moment où Federer pique clairement du nez avec notamment ce vilain coup droit « baduf' » qui offre le break à son adversaire. On dirait cette fois que le Suisse accuse le coup, probablement à cause de son long combat de la veille face à Del Potro, et plus globalement de l'enchaînement de matchs ces trois dernières semaines, auquel il n'était plus habitué.

Le Suisse n'est pas si loin de revenir, pourtant, puisqu'il mène 30/15 sur le service de Nadal à 4-3. Mais il commet alors deux erreurs un peu bêtes qui ne laissent plus aucun doute sur son état de lassitude. Finalement, Nadal va conclure sur un nouveau break, à 5-3, cette fois encore grâce à un cadeau de Federer, qui n'a plus vraiment ni la force ni l'envie de plier les jambes sur une ultime volée de revers qui part s'écraser loin des limites.

Le match n'aura duré qu'un set. Nadal s'impose 7-5, 6-3 et évite une cinquième défaite au Masters face à son rival, qu'il aura donc battu quatre fois sur quatre cette année, comme en 2008. Une hégémonie qui commence à faire parler. Des premiers bruits s'élèvent pour remettre en cause le statut de GOAT [1] que Roger Federer avait acquis aux yeux d'à peu près tout le monde. Mais Rafael Nadal balaye toute comparaison : « *Je suis le premier à dire que Roger est le GOAT. D'accord, je l'ai battu plus souvent, mais c'est lui qui a le plus de Grands Chelems et même en dehors des Grands Chelems, il possède un nombre incroyable de records. Ses chiffres seront très difficiles à battre.* »

Rafael Nadal, qui perdra la finale de ce Masters contre Novak Djokovic, n'a décidément jamais pu se départir de cette immense déférence envers son rival.

Vainqueur : Nadal
Score : 7-5, 6-3
Durée : 1 h 20
Le point : Le rallye de 30 coups conclu d'un coup droit gagnant par Federer à 4-5, 15/30 dans le premier set.
Le chiffre : 100 %, soit le taux de balles de break converties par Nadal (4/4). C'est la seule fois où il a réussi ce score parfait contre Federer.

1. *Greatest Of All Times*, littéralement « le plus grand de tous les temps ».

À noter : C'est la seule victoire de Nadal sur Federer dans un tournoi indoor.
Bilan : Nadal 22 – Federer 10

N° 33

Vendredi 24 janvier 2014
Open d'Australie

Demi-finale

En ce début d'année 2014, une nouvelle mode fait rage sur le circuit, celle des « supercoaches ». Le principe consiste à sortir une ancienne gloire du tennis de sa retraite dorée pour l'embaucher comme conseiller de luxe. C'est Andy Murray qui avait lancé la tendance dès 2012, en s'adjugeant les services d'Ivan Lendl. Puis Novak Djokovic avec Boris Becker, Kei Nishikori avec Michael Chang ou même très brièvement Maria Sharapova avec Jimmy Connors : presque tous les meilleurs joueurs s'y sont mis, pour le plus grand plaisir des nostalgiques, ravis de revoir ces légendes sur le devant de la scène.

Roger Federer, lui aussi, vient de succomber à cette mode en annonçant quelques jours avant le début de l'année 2014 le début de sa collaboration avec Stefan Edberg, l'idole de son enfance. Federer-Edberg, voici une association qui a de l'allure et qui ravit les amoureux du jeu offensif, une certaine vision du tennis. Le Suisse veut donner un nouvel élan à sa carrière après une saison 2013 compliquée. Il démarre aussi l'année avec une nouvelle raquette au tamis plus grand, qu'il avait déjà essayée à l'été 2013, puis qu'il avait mise au placard pour la fin de l'année.

Rafael Nadal, lui, n'a que faire de la mode et sa saison 2013 a montré qu'il n'avait nul besoin d'un supercoach. Il a bien débuté la saison en soulevant le trophée à Doha, avant de s'envoler pour Melbourne où le débat sur la vitesse de la surface, un marronnier de janvier, agite le microcosme de la petite balle jaune. *« Je ne comprends pas pourquoi on décide de faire des courts aussi rapides »*, s'est plaint Rafa. Cela ne l'a pas empêché d'atteindre, sans perdre un set, les quarts de finale, où Grigor Dimitrov lui a donné du fil à retordre (3-6, 7-6(3), 7-6(7), 6-2).

Federer, lui, s'est hissé jusqu'en demi-finale dans un tableau corsé avec Jo-Wilfried Tsonga en huitième (6-3, 7-5, 6-4) et Andy Murray en quart (6-3, 6-4, 6-7(6), 6-3). Deux ans après leur dernière rencontre en Grand Chelem, Federer et Nadal se retrouvent donc à nouveau en demi-finale de l'Open d'Australie. Avec, sur le papier, un bon coup à jouer : le vainqueur du match affrontera le 8e mondial Stan Wawrinka, novice en finale de Grand Chelem et tombeur de Novak Djokvovic en quart après un superbe combat de 4 heures conclu 9/7 au cinquième set.

L'Open d'Australie, le « Happy Slam », porte bien son nom en ce vendredi soir. Les 15 000 spectateurs ont droit à un Fedal pour débuter le week-end dans une ambiance festive. Stefan Edberg, qui n'a presque pas pris une ride, est assis à côté de Mirka Federer. Il y a beaucoup de Grands Chelems ce soir dans les tribunes : Stefan Edberg donc, Pete Sampras, Rod Laver et Ken Rosewall assistent aussi à cette demi-finale. Dans la partie de la tribune réservée au clan Nadal, une place libre sépare Toni du reste du groupe. Il faut croire que personne n'a eu le courage de se mettre à côté de lui, plus bavard que jamais pendant les matchs de son neveu.

Federer, vent dans le dos, débute au service ce troisième Fedal à l'Open d'Australie. Plus démonstratif que d'habitude, il donne de la voix dès le début du match pour s'encourager. Une façon, peut-être, de montrer à son rival qu'il compte bien se révolter après quatre défaites consécutives contre lui. Est-ce déjà l'effet Edberg ? Federer tente régulièrement sa chance au filet. Mais monter à la volée face à Nadal est un art périlleux, et le Suisse se fait transpercer à plusieurs reprises. Aveuglé par ses velléités offensives, il en oublie deux fois de suite la règle d'or : ne jamais monter au filet sur le coup droit de Nadal. Résultat ? Deux premières balles de break à 3-3 pour le n° 1 mondial, sauvées par Federer et célébrées d'un « *Come on* ».

Même scénario à 4-4 mais c'est d'un « *Chumm itze* », la version bâloise du « *Komm jetzt* » allemand, qu'il s'encourage bruyamment après avoir sauvé une nouvelle occasion de break. Nadal, lui, ne pipe mot. Il applique son plan anti-Federer à la lettre et monte doucement mais sûrement en puissance. À 6-5, les deux hommes s'expliquent en fond de court et font durer le plaisir avec un échange interminable de 33 coups, probablement leur record (ils avaient fait le même « score » au Masters 2011). Une fois de plus, c'est Federer qui craque. De plus en plus démuni en fond de court, il finit par céder au jeu décisif : 7 points à 4 pour Nadal en 59 minutes. Ce premier set était crucial pour Federer, il l'a perdu.

Nadal n'a jamais perdu en Grand Chelem contre Federer en ayant remporté la première manche. En attendant son adversaire, parti se changer intégralement aux vestiaires, mieux vaut pour Federer ne pas penser à l'immensité du chemin qui lui reste à parcourir pour envisager de gagner ce match. Armé de son nouveau marteau, le Suisse attaque le deuxième set en tapant de plus en plus fort, mais Nadal, dans le rôle du clou, ne veut pas s'enfoncer. L'Espagnol conclut le premier jeu d'une amortie de revers jouée à deux mains, un coup qui surprend tout le monde, lui compris. En fait, il souffre depuis plusieurs jours d'une ampoule particulièrement mal placée, dans la paume de la main gauche, et le pansement le gêne de plus en plus. Il demande donc un temps mort médical pour se faire poser un nouveau bandage, laissant apparaître une énorme ampoule au rouge bien vif qui fait grimacer les 15 000 spectateurs quand elle apparaît sur l'écran géant.

La frustration monte chez Federer qui se plaint à l'arbitre du niveau sonore de Nadal sur certaines de ses frappes. Un agacement qui trahit son impuissance, car Nadal devient tout simplement injouable. Excellent en retour, il empêche Federer de récolter des points gratuits sur son service. Impressionnant physiquement, il réalise des prouesses, à l'image de ce point à 3-2 où, complètement pris à contre-pied, il parvient à revenir sur ses pas pour glisser un coup de défense dans les pieds d'un Federer écœuré de voir encore une fois la balle revenir dans son camp. Quelques instants plus tard, Nadal fait le break. À 5-3, Federer hausse son niveau pour essayer de revenir. Bien décidé à ne pas commettre la faute, il tient le choc dans un long échange, puis place une accélération croisée de revers foudroyante. Nadal y répond d'un missile long de ligne qui le laisse à dix mètres de la balle… 6-3 pour Nadal, auteur d'une démonstration époustouflante dans ce deuxième set.

Une lassitude, tout à fait légitime, semble s'être installée chez Federer qui cède son service au début de la troisième manche. Alors qu'une légère bruine tombe sur Melbourne, le niveau de Nadal chute tout d'un coup, offrant un débreak inespéré à son adversaire. Fausse alerte, le n° 1 mondial reprend sa course en avant. À 5-3, il n'attend pas que le toit de la Rod Laver Arena ait achevé de se fermer pour conclure après 2 h 24 de jeu et se qualifier pour sa 19e finale en Grand Chelem, la troisième à l'Open d'Australie.

Contre toute attente, le surlendemain, Nadal s'inclinera en finale contre Stan Wawrinka (6-3, 6-2, 3-6, 6-3), le deuxième homme après Juan Martin Del Potro qui parvient à briser l'hégémonie du Big 4 en Grand Chelem. Blessé au dos à partir du début du deuxième set, sifflé par le public après avoir pris un long temps mort médical, Rafa, au bord des larmes, vit un calvaire. Il décide pourtant d'aller au bout de la partie, par respect pour son adversaire. *« Je pense que c'est le pire moment que j'ai passé sur un court de tennis »*, dira plus tard Nadal, décidément maudit en Australie. Mais détenteur néanmoins d'un Fedal de plus dans sa poche…

> *Vainqueur* : Nadal
> *Score* : 7-6(4), 6-3, 6-3
> *Durée* : 2 h 24
> *Le point* : Le contre de revers croisé gagnant de Nadal à 2-2, 30/0 au deuxième set.

N° 33 – Open d'Australie 2014

Le chiffre : 73, soit le pourcentage de points remportés par Nadal derrière sa deuxième balle. Son meilleur score dans un Fedal.
À noter : Hors Roland-Garros, c'est leur seul match en Grand Chelem joué en trois sets.
Bilan : Nadal 23 – Federer 10

N° 34

Dimanche 1er novembre 2015
Bâle

Finale

Après une éclipse interminable, la lumière céleste du Fedal illumine à nouveau la planète tennis. Vingt et un mois, presque deux ans, jamais les admirateurs des deux joueurs n'étaient restés aussi longtemps dans l'obscurité, privés de leur spectacle préféré. Le manque crée le désir, cette longue attente rend ces retrouvailles particulièrement savoureuses. Revoir Federer, 34 ans, et Nadal, 29 ans, en finale du même tournoi (une première depuis Rome 2013), voilà qui fait vibrer la corde nostalgique de tous les amoureux du tennis.

Pour ajouter à l'émotion, les deux champions se retrouvent à Bâle, la ville natale de Federer. En 1993, le petit Roger, qui habitait tout près de la Halle Saint-Jacques où a lieu le tournoi, recevait déjà une médaille des mains du vainqueur Michael Stich, comme tous les ramasseurs de balles. Cinq ans plus tard, il y disputait l'un de ses premiers matchs sur le circuit ATP contre Andre Agassi (défaite 6-3, 6-2). Vingt-deux ans et 87 trophées plus tard, le voici en course pour un septième titre dans son tournoi.

La trentaine bien entamée, Federer – qui est à nouveau papa de jumeaux, des garçons cette fois (Leo et Lenny), nés le 6 mai 2014 – continue de jouer les trouble-fêtes au sommet du tennis mondial. Deux défaites en finale de Grand Chelem contre Novak Djokovic (à Wimbledon et à l'US Open), cinq titres dont le Masters 1 000 de Cincinnati, son bilan de la saison 2015 est d'autant plus honorable que le Serbe, n° 1 mondial incontesté, n'a laissé que des miettes à ses adversaires au cours d'une année stratosphérique (11 titres dont 3 Grand Chelem et 6 Masters 1 000). Federer est d'ailleurs le seul homme à avoir battu le « Djoker » deux fois depuis le début de l'année, en finale à Dubaï et à Cincinnati. Un trophée à Bâle, chez lui et face à son plus grand rival, ferait donc une jolie cerise sur le gâteau. L'occasion aussi de reprendre l'ascendant après cinq défaites de suite face à Nadal, sa pire série.

Rafa, lui, a des préoccupations d'un autre ordre, alors que va enfin s'achever 2015, *annus* particulièrement *horribilis* pour lui. En effet, pour la première fois depuis 2004, l'Espagnol n'a remporté aucun titre majeur, ni aucun Masters 1 000 d'ailleurs. Il a même été battu sèchement par Djokovic en quart de finale à Roland-Garros (7-5,

6-3, 6-1), une défaite ô combien symbolique et douloureuse. À ses pépins physiques à répétition s'est ajoutée une crise de confiance latente, un mal plus insidieux et à la guérison incertaine. « *Quand j'ai commencé à ne pas avoir de résultats significatifs dans des tournois censés m'être favorables, tout a été compliqué. Je me suis même demandé : vais-je un jour retrouver mon niveau ? Si je continuais à jouer sans joie, avec une telle anxiété, j'allais finir par ne plus prendre de plaisir sur un court* », a-t-il avoué a posteriori dans le quotidien espagnol *El País*.

L'ogre Nadal ne fait plus peur et il a dû s'employer à Bâle à dominer des adversaires de plus en plus décomplexés. Il s'en est sorti assez miraculeusement au 1er tour contre Lukas Rosol, qui a servi pour le match (1-6, 7-5, 7-6(4)), avant de remporter trois autres parties très accrochées face à Grigor Dimitrov (6-4, 4-6, 6-3), Marin Cilic (4-6, 6-3, 6-3) et Richard Gasquet (6-4, 7-6(7)). C'est bon pour la confiance, malgré tout.

Deux dames admirablement coordonnées se chargent d'ouvrir chaque côté du rideau ondulé donnant accès au court, laissant apparaître Nadal puis Federer sur la surface bleue de la Halle Saint-Jacques. Une reprise orchestrale du tube de Queen « *I Want It All* » accompagne cette entrée, ajoutant à cette ambiance surannée typiquement germanique. Après la présentation du speaker, Federer a droit à une ovation interminable. Nadal est lui aussi chaudement applaudi par un public bienveillant. Parmi les 6 000 spectateurs, on constate la présence des parents de Roger, Robert et Lynette Federer, qui ne s'assoient jamais à côté l'un de l'autre pour la simple et bonne raison que Lynette ne supporte pas d'entendre son mari commenter les matchs de son fiston. Sa sœur Diana, qui se fait rare en tribunes pour assister aux représentations de son petit frère, est également présente.

Cri de ralliement des supporters suisses, le célèbre *« Let's go Roger, let's go »* retentit pour lancer la 12ᵉ finale de Federer à Bâle, son record tout tournois confondus. Bien décidé à ne pas subir, Nadal affiche des intentions offensives. Il conclut le premier point d'une volée gagnante. Un peu tendu, Federer concède la première balle de break, mais se reprend bien avec une bonne première balle suivie d'une volée liftée de coup droit.

Est-ce pour se détendre ou pour déstabiliser Nadal ? À 1-1, il tente son nouveau coup spécial sur une deuxième balle adverse. Baptisé SABR, l'acronyme de « *Sneak Attack By Roger* » (traduire par : attaque furtive de Roger), ce coup spectaculaire consiste à se ruer vers l'avant pour jouer le service adverse en demi-volée au niveau de la ligne de service, puis, par la force des choses, de suivre au filet. Un coup réservé à un professionnel plus que confirmé, ne tentez pas ça chez vous…

Le SABR a été inventé quelques mois plus tôt au beau milieu de l'Ohio, sur un court d'entraînement de Cincinnati partagé avec Benoît Paire. En plein décalage horaire, le maître s'est amusé à tenter ce retour kamikaze pour abréger cet entraînement de reprise. Mais cette pitrerie s'est muée en une véritable stratégie, que Federer a décidé d'expérimenter en compétition avec un certain succès, au grand dam de ses victimes. Il fallait voir le regard noir de Djokovic, après avoir été « sabré » à plusieurs reprises en finale de Cincinnati. Quel affront ! D'ailleurs, cette nouvelle invention a agité violemment les débats tennistiques, venant même réveiller de vieux antagonismes. L'entraîneur de Djokovic, Boris Becker, y voit *« un manque de respect pour l'adversaire »* quand le coach de Federer, Stefan Edberg, admire ce coup de poker, un hymne au jeu et à ses plaisirs.

À Bâle, le premier SABR de Federer face à Nadal termine grotesquement dans le bas du filet, c'est le risque avec un tel coup. Agressif comme jamais, Federer multiplie les montées au filet, quitte à se faire punir par des passings bien sentis dont seul Nadal a le secret. À 2-2, Nadal sauve deux premières balles de break mais est impuissant sur la troisième après deux coups droits laser d'un Federer de plus en plus inspiré. Rafa a une occasion de refaire son retard dès le jeu suivant. Après un excellent retour et une attaque de revers dans le côté ouvert, le débreak semble prêt à tomber dans l'escarcelle du Majorquin. Il n'en est rien. Federer, à grandes enjambées, fonce sur la balle et estourbit Nadal d'un prodigieux passing de coup droit croisé, un coup déterminant dans cette première manche. En contrôle, le Bâlois conserve son avance et s'offre même un break blanc pour conclure le premier set 6-3 en 38 minutes, sous les applaudissements à tout rompre du public suisse.

Federer débute le deuxième set par un nouveau jeu blanc quand Nadal, lui, doit batailler dur pour remporter son premier jeu de service. L'Espagnol fait appel au physiothérapeute qui intervient à 2-1 pour lui poser un strapping au genou droit, un bandage qu'il avait déjà la veille en demi-finale. Ce n'est pas la première fois qu'il doit composer avec les caprices de son corps meurtri, ni avec un Federer des grands jours de l'autre côté du filet. Nourri par cette adversité, il tente d'amener son rival sur son terrain, celui du combat. Les débats s'équilibrent à la fin du deuxième set et Nadal monte en puissance. Mené 5-4 et 15/0, il remporte un point à haute intensité qui semble faire basculer les choses de son côté. À 5-5, Federer vient s'engluer dans la toile de son adversaire, qui lui fait jouer le coup de trop. Comme aux grandes heures du Fedal, Nadal vient cueillir le deuxième set au nez et à la barbe de Federer : 7-5.

Réglée comme une horloge, la première balle de service de Federer lui permet de reprendre le contrôle des opérations au début du troisième set. Il faut bien ça, car le Suisse est moins serein à l'échange qu'en début de match. À 3-3, l'inquiétude monte chez tous les Bâlois, quand le héros local est mené 15/30 sur son service. Pas petit bras, Federer décide de suivre sa deuxième balle au filet, c'est osé et ça fonctionne. Il remporte ce crucial septième jeu, une petite victoire célébrée par la *ola* d'un public suisse de plus en plus dévergondé dans une finale qui tient toutes ses promesses.

La pression a encore changé de camp et Nadal est rattrapé par son manque de confiance patent. Fébrile, il commet deux fautes directes de suite qui permettent à Federer de mener 5-3. Les nerfs du Suisse sont mis à rude épreuve au moment de servir pour le titre. Sur sa première balle de match, la voix autoritaire de l'arbitre Mohamed Lahyani retentit pour contredire son juge de ligne sur une première balle : « *Correction !* » Point à rejouer, point perdu par le Suisse, transpercé par un passing gagnant millimétré qui le rend furax. À 40/A, Federer, bien décidé à aller chercher le match au filet, monte encore à l'esbroufe. Nadal a tout le court mais son passing est mollasson. Federer anticipe et claque une volée pour s'offrir une deuxième balle de match. Cette fois-ci, c'est la bonne. Après 2 h 03 de jeu, il ponctue son septième titre à Bâle d'un cri rageur, la gueule grande ouverte, puis retrouve son flegme habituel pour aller saluer son adversaire.

Tapis rouge et musique de remise de diplôme, la cérémonie protocolaire des prix n'a pas dû beaucoup changer depuis la création du tournoi en 1970. Les huiles locales, alignées façon inspection militaire, applaudissent les deux finalistes. Abattu, Nadal retrouve son sourire et l'éclat de son regard d'enfant quand il distribue une médaille à chaque ramasseur de balles, une autre tradition du tournoi. En tribunes, Toni Nadal a fait un détour pour venir féliciter le père de Roger Federer. Ce dernier remporte son 88e titre chez lui à Bâle, où il est né le 8 août 1981 (08/08/81). La boucle est bouclée pour cet adepte du chiffre 8, un symbole de puissance et de résurrection…

Vainqueur : Federer
Score : 6-3, 5-7, 6-3
Durée : 2 h 03
Le point : Le contre supersonique de Nadal en coup droit à 4-4, 0-0 dans le deuxième set.
Le chiffre : 12, soit le nombre d'aces de Federer. Son record contre Nadal dans un match en deux sets gagnants.
À noter : C'est le Fedal le plus long joué en indoor.
Bilan : Nadal 23 – Federer 11

N° 35

DIMANCHE 29 JANVIER 2017
OPEN D'AUSTRALIE

Finale

Il est 19 h 30 à Melbourne, 3 h 30 à New York, 9 h 30 à Paris. L'heure de la grand-messe du tennis mondial a sonné. Au beau milieu d'un apéro improvisé, d'une nuit interrompue ou d'une grasse matinée écourtée, des millions de fidèles pèlerinent plus ou moins éveillés vers leur télévision pour célébrer la résurrection de deux icônes du sport mondial. En ce dimanche, plus de querelles de clocher, les irréconciliables « Nadaliens » et « Federistes » sont main dans la main, réunis pour fêter cette divine surprise : le retour de leur héros.

C'est trop beau pour être vrai et pourtant, Rafael Nadal, 30 ans, et Roger Federer, 35 ans, sont bien en finale du premier Grand Chelem de l'année, l'Open d'Australie, un véritable miracle au regard de ces derniers mois. Nadal revient de loin, il a repris le chemin des courts après une interruption de trois mois au tournoi de Brisbane, juste avant l'Open d'Australie. Federer revient d'encore plus loin puisqu'il n'a plus joué en compétition depuis plus de six mois.

Pour l'Espagnol, la saison 2016 fut un chemin de croix. Une nouvelle blessure, au poignet cette fois-ci, l'a obligé à déclarer forfait en plein Roland-Garros, puis à écourter sa saison dès l'automne. Federer, lui, a bien failli aller directement à la case retraite après s'être blessé au genou gauche (déchirure du ménisque) en marge de l'Open d'Australie 2016, non pas sur le court, mais en donnant le bain à ses filles. Ironie du sort, c'est donc un accident domestique qui lui a valu de subir la première opération chirurgicale de sa carrière (au mois de février) et de mettre fin à sa saison après une rechute à Wimbledon, lors de sa demi-finale perdue contre Milos Raonic.

Par sa dramaturgie, cet Open d'Australie 2017 restera donc gravé dans les mémoires comme un délicieux bain de jouvence ; l'impression d'un retour dix ans en arrière, ça se prend. La veille, Serena Williams, 35 ans, a battu sa sœur Venus, 36 ans, dans un autre duel qui sentait bon les années 2000, voire 1990. Nostalgie, quand tu nous tiens…

Dans le tableau masculin, la glorieuse incertitude du sport n'a pas épargné les favoris avec l'élimination du n° 2 mondial Novak Djokovic par le 117e Denis Istomin dès le 2e tour, et celle du n° 1 mondial Andy Murray en huitième de finale contre le 50e Mischa Zverev, ouvrant la voie à nos deux revenants. Mais ce n'était pas un boulevard, plutôt une petite route de montagne bien sinueuse qu'ont dû emprunter Federer et Nadal pour parvenir à leur neuvième finale commune en Grand Chelem, la première depuis Roland-Garros 2011. Le Suisse, redescendu à la 17e place, a dû se coltiner trois joueurs du top 10 pour se hisser jusqu'en finale : Tomas Berdych au 3e tour (6-2, 6-2, 6-4), Kei Nishikori en huitième (6-7(4), 6-4, 6-1, 4-6, 6-3) puis le 4e mondial Stan Wawrinka en demie (7-5, 6-3, 1-6, 4-6, 6-3), soit un total de 13 h 40 passées sur le court.

L'Espagnol, 9e mondial, a joué autant de sets que Federer, mais il a passé cinq heures supplémentaires à suer en plein été austral. Parmi les six travaux de Rafa, deux batailles en cinq sets, contre le jeune Alexander Zverev (19 ans), au 3e tour (4-6, 6-3, 6-7(5), 6-3, 6-2), puis face à Grigor Dimitrov en demi-finale (6-3, 5-7, 7-6(5), 6-7(4)), un combat homérique de 4 h 56 face à un Bulgare métamorphosé en un féroce guerrier spartiate, assurément un des plus beaux matchs de l'histoire du tournoi. Comme en 2009 après son match face à Verdasco (5 h 14), Nadal arrive donc encore en finale avec un marathon dans les pattes. D'autant que Federer, qui a joué sa demi-finale le jeudi, a eu une journée de repos supplémentaire. Cela n'a pas empêché Nadal d'envoyer des parpaings comme si de rien n'était lors de son échauffement sur un court annexe pris d'assaut par ses fans, quelques heures avant la finale. Pendant ce temps, Federer, lui, a tapoté la balle en toute décontraction à huis clos sur la Margaret Court Arena.

Le soleil tombe peu à peu derrière les gratte-ciel de Melbourne quand les deux hommes pénètrent dans une Rod Laver Arena pleine à craquer. Même les 16 places « super VIP » tout au bord du court ont trouvé preneurs au tarif incroyable mais pourtant vrai de 25 000 dollars australien (environ 23 500 euros). Une agréable température (25 °C), une très légère brise et la lumière déclinante du soir, les conditions de jeu s'annoncent parfaites. Sourire aux lèvres, Federer plaisante avec James Keothavong, l'arbitre britannique de cette finale, pendant que Nadal, visage fermé, entame sa méticuleuse et longue préparation d'avant tirage au sort. Haut blanc, short noir et baskets roses, une fois n'est pas coutume, les deux joueurs ont revêtu les mêmes couleurs, et pour une fois c'est Federer qui a la palme de l'audace vestimentaire avec son tee-shirt aux motifs zébrés.

Le début de match, équilibré, rassure sur l'état physique de nos deux trentenaires, même si Nadal semble avoir un peu plus de mal à redémarrer la machine. Comme d'habitude, Federer veut imposer son rythme en écourtant les échanges. Il profite pour cela d'une surface réputée plus rapide que les années précédentes et qui a valu au directeur du tournoi Craig Tiley d'être accusé d'avoir voulu favoriser le Suisse. Une accusation calomnieuse car la surface, en réalité, n'a pas changé. Il est vrai cependant que ce dur rapide sied parfaitement au jeu agressif du quadruple vainqueur du tournoi. La foule de la Rod Laver tressaillit de plaisir quand le Suisse remporte un premier point d'une superbe volée liftée de coup droit. Sa confiance monte, à l'image de son revers de mieux en mieux réglé. 3-3, l'heure du break pour Federer qui convertit sa première occasion puis s'en va cueillir la première manche 6-3 grâce à une première balle réglée comme une horloge (un seul point perdu derrière son premier service dans ce premier set).

Depuis le dernier Fedal, il y a eu du changement dans l'équipe des deux joueurs. Dans l'immuable clan Nadal, Carlos Moya a fait son apparition. Il est prévu que Toni Nadal lui passe la main comme entraîneur principal en fin de saison. L'ancien n° 1 mondial, Majorquin lui aussi, connaît parfaitement le fonctionnement de la petite entreprise familiale Nadal. Cela lui a permis d'introduire en douceur de nouvelles méthodes d'entraînement. *« Depuis que Carlos est là, nous faisons moins, mais plus ciblé »*, constate Nadal, en stakhanoviste presque repenti.

Côté Federer, un nouvel entraîneur a lui aussi fait son apparition en la personne d'Ivan Ljubicic, venu pour épauler le Suisse Séverin Lüthi. Le Croate a rejoint son ancien rival au début de la saison 2016 pour remplacer Stefan Edberg. Un choix largement commenté, même par Novak Djokovic : « *Il connaît mon jeu, il connaît le jeu de tous les adversaires de Roger. Je pense que c'est une des raisons pour lesquelles il l'a engagé.* » Effectivement, Ljubicic connaît toutes les ficelles du jeu de Nadal qu'il a affronté à neuf reprises (sept défaites et deux victoires). Bon joueur d'échecs à ses heures perdues, le nouveau maître du maestro suisse a probablement élaboré un plan anti-Nadal. En tout cas, Federer montre quelques innovations tactiques, à l'image de ce retour de service en revers systématiquement retourné fort et à plat qui gêne considérablement son adversaire depuis le début de cette finale.

Au début du deuxième set, Federer connaît une subite panne de première balle. Erreur fatale, comme souvent face à Nadal, la sanction est immédiate : break pour Rafa qui a su aussi ajuster sa position de retour. 2-0. Au jeu suivant, Federer a deux occasions de revenir mais Nadal finit par confirmer son break, un jeu charnière dans cette deuxième manche et un coup de bambou sur la tête de Federer qui concède à nouveau son service dans la foulée. Mené 4-0, le Suisse ne semble pas pour autant prêt à laisser filer cette manche. Le combat devient plus physique. Nadal, dont les cris à chaque frappe de balle résonnent de plus en plus fort, sue à grosses gouttes, obligeant les ramasseurs à essuyer le court régulièrement. Ça y est, le train Nadal est lancé et Federer part de trop loin pour le rattraper dans ce deuxième set : 6-3 pour Nadal.

Cela fait près de dix ans (Wimbledon 2007) que Federer n'a plus battu Nadal en finale d'un tournoi du Grand Chelem et les supporters du Suisse ont une désagréable impression de déjà-vu quand leur héros concède trois balles de break au premier jeu du troisième set, alors qu'il menait 40/0. Dans la tempête, le Suisse s'accroche à sa première balle comme un naufragé à sa bouée de sauvetage. Il sauve ces trois balles de break avec trois aces extérieurs quasi identiques. Galvanisé par le gain de ce jeu difficile, Federer retrouve soudainement son jeu de jambes aérien et ses fulgurances. Une demi-volée laser de coup droit en pleine lucarne déclenche une première vague d'hystérie dans les tribunes de la Rod Laver Arena. Soudainement, la confiance change de camp. Federer vient cueillir le break puis confirme d'un jeu blanc pour mener 3-0. Sonné, Nadal débute le jeu suivant par une très vilaine faute en revers. Federer jette un coup d'œil en direction de l'autre côté du filet, comme pour juger de l'effet du coup qu'il vient d'asséner au moral de son adversaire.

La nuit est tombée sur Melbourne et Federer produit un tennis de rêve. Nadal a beau s'accrocher, le maître a la science infuse. En avance sur toutes les balles, aérien comme jamais, il remporte même régulièrement la bataille de la diagonale avec son revers sur le coup droit de Nadal, tout fout le camp ! C'est ce revers à une main qui impressionne le plus. Frappé fort, à plat et avec une longueur impressionnante, il fait des ravages sur le coup droit de Nadal, qui n'aime pas se faire agresser sur son meilleur coup. Ces progrès fulgurants chez Federer s'expliquent, en partie, par le passage à une raquette au tamis plus grand – 625 cm^2 – et donc plus tolérant : la désormais culte Wilson Pro Staff RF 97 Autograph. Une expérience, souvenez-vous, qu'il avait déjà tentée dans le passé et qu'il a désormais validée. Sa longue période d'entraînement à Dubaï pour préparer la saison lui a permis d'apprivoiser ce nouvel outil et d'en apprécier les bienfaits. Avec sa nouvelle baguette magique, Federer continue son spectacle et remporte le troisième set 6-1.

Assis sur sa chaise, Nadal gigote nerveusement de la jambe gauche tout en engloutissant des barres énergétiques. Le taureau de Manacor repart au combat de plus belle au début du quatrième set. Il bénéficie d'un gros trou d'air de Federer – c'est le risque quand on évolue à une telle altitude – pour faire le break et mener 3-1. Au jeu suivant, Nadal gagne un point digne d'un jeu vidéo ponctué de

« oooh !! » puis de *« aaah !! »* dans le public. Il le conclut d'un génial coup droit court croisé de défense, comme un joueur de squash. Le stade est debout, même Federer applaudit. Nadal a repris les commandes du match et c'est en patron qu'il remporte cette quatrième manche 6-3, aidé il faut bien l'admettre par les 12 fautes directes de Federer.

Pour la sixième fois dans l'histoire de leur rivalité, c'est donc au cinquième set que Nadal et Federer se départagent, la conclusion rêvée d'un tournoi sublime de bout en bout. Comme en demi-finale contre Wawrinka, Federer quitte le court avant le début du cinquième set pour se faire soigner un adducteur un peu tendu. *« C'était un temps mort médical plus mental qu'autre chose »*, avait avoué le Bâlois en conférence de presse après sa victoire face à son compatriote. Il ne se gêne pas pour remettre ça face à Nadal, assumant une utilisation décomplexée du règlement. Dans l'attente de son adversaire, Nadal trépigne sur sa chaise et jette quelques coups d'œil inquiets en direction de l'arbitre en pleine communication au talkie-walkie. Sept minutes après avoir quitté le court, Federer est de retour.

Une magnifique ovation donne le coup d'envoi de la cinquième manche. Remonté comme un coucou, Nadal breake d'entrée en remportant plusieurs bras de fer en fond de court. Le message est clair, il va falloir créer quelque chose d'extraordinaire pour espérer le battre. Ça tombe bien, Federer, retrouve peu à peu ses jambes légères du troisième set. Il obtient trois balles de débreak mais Nadal, solide comme un roc, les sauve magistralement et confirme son avance, pour le plus grand soulagement de son oncle Toni qui ne tient plus en place. Un coup dur pour Federer, qui manque encore une occasion de refaire son retard à 2-1. À 3-2 contre lui, le Suisse repart une nouvelle fois à l'assaut du service de Nadal qui le défend comme une forteresse assiégée. Le clan Federer est debout à son tour. Mirka est au bord de l'apoplexie quand Roger manque une cinquième occasion de revenir. Nadal, lui, manque une balle de 4-2 sur une erreur de coup droit qui change tout. Son service finit par tomber au sixième assaut, Federer égalise à 3-3, la finale bascule dans la folie.

Le public a choisi son camp dans cette ultime manche. Le volume augmente à chaque point remporté par Federer, qui passe devant avec un jeu blanc. Et le meilleur reste à venir. Il est 23 h 05 et le score affiche 4-3, 40/A, quand Federer et Nadal s'élèvent ensemble comme deux funambules dans un moment de grâce tennistique. Vingt-six coups de raquette et 34 secondes sur un fil, le plus beau point de cette finale, un chef-d'œuvre absolu. Plus rien ne semble pouvoir arriver à Federer, qui remporte ce point d'un coup droit gagnant joué en demi-volée, puis prend à nouveau le service adverse. Costaud (le mot est faible), il sauve deux balles de débreak avant d'obtenir une première balle de match. Sa deuxième balle est annoncée faute, Federer demande le challenge qui lui donne raison, balle de match à rejouer. De quoi rendre mabouls les 15 000 spectateurs et les centaines de millions de téléspectateurs en train d'enchaîner les tours de canapé pour évacuer cette insoutenable suspension du temps et des enjeux. Le point est rejoué et Federer manque complètement son coup droit. Deuxième balle de match, Federer retente un nouveau coup droit gagnant, la balle flirte avec la ligne, aucune annonce du juge de ligne. Le challenge est demandé par Nadal, ajoutant encore un rebondissement à ce scénario invraisemblable.

C'est le regard fixé sur l'écran géant que le Suisse apprend sa 18e victoire en Grand Chelem, sans doute la plus inattendue, peut-être la plus belle. Une joie débordante se répand dans le corps de Federer, qui se met à sauter sur place comme un enfant. Elle envahit même ses yeux, soudainement écarquillés comme deux billes remplies d'extase. Décidément, cette Rod Laver Arena est le lieu des grandes émotions pour Roger.

Comme en 2006 et en 2009, il fond en larmes au moment de saluer le public. Bien conscient que cette formidable histoire a été écrite à deux, ses premiers mots sont pour Rafael Nadal lors de la remise des trophées : « *Aucun de nous deux n'aurait pensé être en finale de l'Open d'Australie quand nous nous sommes vus à l'ouverture de l'académie de Rafa, il y a quatre mois. J'aurais été aussi heureux de perdre, honnêtement. Le tennis est un sport difficile, il n'y a pas de match nul mais si cela avait existé, j'aurais été heureux de l'accepter et de partager la victoire avec Rafa.* »

Unis dans la victoire et dans la défaite, Federer et Nadal sont désormais bel et bien liés pour l'éternité dans les livres d'histoire.

Vainqueur : Federer
Score : 6-4, 3-6, 6-1, 3-6, 6-3
Durée : 3 h 38
Le point : L'échange de 26 coups joué à une intensité folle et conclu par un coup droit gagnant de Federer, à 4-3, 40/A au cinquième set. Peut-être le point le plus mythique de leur rivalité.
Le chiffre : 37, soit le nombre de balles de break recensées au total (20 pour Federer, 17 pour Nadal). Un record dans un Fedal.
À noter : C'est la seule victoire de Federer sur Nadal en finale de Grand Chelem ailleurs qu'à Wimbledon.
Bilan : Nadal 23 – Federer 12

N° 36

Mercredi 15 mars 2017
Indian Wells

8e de finale

Un mois et demi après un Fedal légendaire en finale de l'Open d'Australie, retour aux affaires plus courantes pour Roger Federer et Rafael Nadal qui se retrouvent pour un « simple » huitième de finale au Masters 1 000 d'Indian Wells. Les deux hommes ne s'étaient pas rencontrés si tôt dans un tournoi depuis leur premier affrontement à Miami en 2004. Mais huitième de finale ou pas, leurs retrouvailles restent bien sûr l'événement du tournoi. La quiétude d'Indian Wells, havre de paix et de verdure pour riches retraités américains, est même en péril quand, à quelques heures du match, les deux stars s'échauffent côte à côte sur deux courts attenants, une scène rare dont se délectent bruyamment les nombreux fans des deux légendes.

Nos deux fringants trentenaires font leur entrée devant quelque 16 000 spectateurs ravis d'assister à cette allégorie de la jeunesse éternelle. La finale de

Melbourne est encore dans tous les esprits. Federer va-t-il redescendre sur terre, lui qui avait remporté divinement le cinquième set à Melbourne ? Dès le deuxième point, il donne le ton, neutralisant Nadal avec un retour de revers bien senti, puis l'étourdissant avec deux coups droits supersoniques. Un frisson de plaisir parcourt le stade, le maître semble dans un grand jour. Impitoyable, Federer fait le break à sa première occasion. Regard noir de Nadal vers son entraîneur Francisco Roig, son deuxième coach depuis 2005.

En fait, Federer n'est pas dans un grand jour, il est carrément sur un nuage. Au premier set notamment, il vole aux quatre coins du court à la vitesse d'un jeune premier (de 35 ans), et distribue les coups gagnants comme des petits pains. Sa stratégie est simple : l'agression permanente en coup droit comme en revers, au service comme au retour. Et ça fonctionne. Privé de temps, Nadal est groggy. Désarçonné à l'échange, en perdition au retour, il est ballotté par la tempête Roger, comme en Australie. Federer prend une deuxième fois le service adverse sur un retour de revers gagnant mémorable, puis le premier set 6-2 en 34 minutes.

Au centre de toutes les attentions, le revers du Suisse est le symbole de la mise à jour sans bug du Federer version 2017. Martyrisé pendant des années par le coup droit de gaucher bondissant de son rival sur son relatif point faible, il a trouvé une parade spectaculaire : ne plus reculer et jouer son revers lifté ou à plat en toutes circonstances, quitte à frapper régulièrement en demi-volée. Une stratégie vouée à l'échec pour le commun des joueurs, mais pas quand on s'appelle Roger Federer. Ce jour-là, sur ce coup-là, le Suisse fait peut-être le meilleur match de sa carrière contre Nadal : huit revers gagnants dont trois en retour. Pourtant, il n'arrivait pas forcément dans les meilleures dispositions. « *Le matin du match, je ne mettais pas un retour, je me demandais ce qui se passait et je me disais que ça allait être dur. Mais pendant les cinq minutes d'échauffement, j'ai eu de bonnes sensations. Et ça a duré tout le match.* » Ah, les mystères du tennis…

Nadal, au contraire, n'est pas dans un grand jour. Son jeu de jambes tourne au ralenti et ses recettes habituelles, comme le service sur le revers de Federer, ne fonctionnent plus. En bon gentleman, il contient sa frustration mais ses regards répétés vers son clan trahissent son impuissance. Quand il concède le break à 1-1 au deuxième set sur un énième coup gagnant de Federer, le combattant semble avoir déjà rendu les armes, il veut seulement sauver les apparences. Son calvaire est bientôt fini.

Après seulement 1 h 08, Roger Federer obtient une première balle de match sur le service de Nadal. Anticipant la deuxième balle sur son revers, l'ange déploie ses ailes vers l'avant et expédie un revers céleste qui retombe à l'exacte intersection de la ligne de fond et de couloir. Stupéfait, le public hésite une fraction de seconde puis laisse aller sa clameur quand Federer lève les bras au ciel.

Cette victoire, mémorable pour les fans de Federer, marque les esprits. Federer, que l'on disait fini après son opération du genou en 2016, est bien le meilleur joueur de ce début de saison 2017. Qui l'eût cru ? Cette démonstration lui permet d'enchaîner trois victoires de suite face à son rival pour la première fois et de reprendre l'avantage (11-10) dans leurs affrontements hors terre battue. Quelques jours plus tard, il remporte Indian Wells pour la cinquième fois en battant Stan Wawrinka en finale, le tout sans perdre un set. La finale de l'Open d'Australie n'était donc pas un mirage, Federer est bien de retour et il a retrouvé la recette de la victoire face à Nadal.

Vainqueur : Federer
Score : 6-2, 6-3
Durée : 1 h 08
Le point : Le retour de revers long de ligne qui permet à Federer de se détacher 4-1 (double break) au premier set.
Le chiffre : 8, soit le nombre de revers gagnants frappés au total par Federer.

À noter : C'est le Fedal le plus court joué en extérieur.
Bilan : Nadal 23 – Federer 13

N° 37

Dimanche 2 avril 2017
Miami

Finale

Treize ans après leur première rencontre, Rafael Nadal et Roger Federer se retrouvent à Miami, un cadre propice aux séries à succès. Si les visages sont moins juvéniles et certains crânes un peu plus dégarnis, les péripéties de nos deux héros continuent de passionner le public, qui attend avec impatience le troisième épisode de cette improbable saison 2017.

À 35 ans, Roger Federer endosse à nouveau le premier rôle. Dix-huit victoires pour une seule défaite (à Dubaï contre le Russe Evgeny Donskoy), tel est son bilan ahurissant depuis le début de l'année. Le voici à nouveau en course pour le fameux doublé Indian Wells/Miami, comme à la grande époque. Moins dominateur qu'en Californie (aucun set perdu à Indian Wells), Federer a dû ferrailler pour atteindre la finale en Floride. En quart de finale, il a sauvé deux balles de match contre

Tomas Berdych au jeu décisif du troisième set (6-2, 3-6, 7-6(6)). Peu d'émotion comparé à sa demi-finale face un Nick Kyrgios de gala, une bataille pied à pied de 3 h 10 et trois jeux décisifs (7-6(9), 6-7(9), 7-6(5)), une course effrénée aux coups gagnants (95 en tout !), le tout en night session devant un public en ébullition. Bref, un chef-d'œuvre. Comment le Suisse a-t-il récupéré de cette violente baston ? Telle est la question.

Rafael Nadal, lui, n'a concédé qu'un seul set jusqu'en finale, au 3e tour, à l'occasion de son 1 000e match sur le circuit. Une partie conclue sur un score très inhabituel (0-6, 6-2, 6-3) contre l'Allemand Philipp Kohlschreiber, un des rares hommes qui pourra raconter à ses petits-enfants qu'il a collé un 6-0 à Nadal. L'Espagnol est le joueur qui compte le plus de victoires (19) depuis le début de la saison, mais il a perdu les trois finales qu'il a disputées à l'Open d'Australie et Indian Wells contre Federer et à Acapulco face à Sam Querrey. Il veut aussi vaincre le signe indien à Miami, un tournoi où il a échoué trois fois en finale (2005, 2011 et 2014). Surtout, il faut laver l'affront d'Indian Wells, une de ses défaites les plus cuisantes contre son rival.

Les tribunes octogonales du stade de Crandon Park ont fait le plein pour le quatrième Federer/Nadal sur l'île de Key Biscayne, place mythique du tennis depuis la première édition du tournoi en

1987. Hymne national américain avant l'arrivée des joueurs, passage de l'aviation au-dessus du stade et un militaire de la US Air Force pour faire le tirage au sort, pas de doute, nous sommes bien aux États-Unis. Avec un soleil un peu voilé mais bien traître et un taux d'humidité de 70 %, la météo est parfaite pour une insolation. Heureusement, une distribution de casquettes orange (la couleur du sponsor du tournoi) a été organisée dans les tribunes.

Pas de couvre-chef pour nos deux combattants qui entrent affublés de leur bandana dans cette fournaise. Tactiquement parlant, ce 37e Fedal part sur des bases inhabituelles. Après la gifle d'Indian Wells, Nadal a décidé d'innover. Au service comme à l'échange, il joue très régulièrement sur le coup droit de Federer, un jeu dangereux qui lui vaut de voir encore passer quelques avions. D'ailleurs Nadal lance quelques regards circonspects en direction de ses entraîneurs Toni Nadal et Carlos Moya. La famille Nadal est comme souvent venue en nombre à Miami. L'autre oncle de Rafa, l'ancien footballeur Miguel Angel Nadal, bavarde en tribunes avec Ronaldo *himself*, son ancien coéquipier au FC Barcelone.

Federer, lui, a l'air en pleine possession de ses moyens physiques, moins de 48 heures après son combat contre Kyrgios. Les deux pieds dans le terrain, il distribue les ogives, imposant une pression d'enfer à son adversaire. Mais cette fois-ci, Nadal parvient à suivre ce rythme infernal. Tous les jeux sont accrochés dans un début de match éprouvant. Federer, sac de glace calé sur les épaules aux changements de côté, s'agace auprès d'un ramasseur de balles de la mauvaise inclinaison du parasol. Complètement en nage, Nadal demande même qu'on lui apporte du talc pour éviter que sa raquette ne lui échappe. Les balles de break se succèdent de part et d'autre, sans que personne arrive à faire la différence. Vraiment pas verni, Nadal voit la bande du filet jouer en sa défaveur sur deux d'entre elles à 2-2, puis à 3-3. C'est finalement Federer qui passe devant en convertissant sa sixième occasion de break à 4-3. Le Suisse ne tremble pas pour conclure le premier acte dans la foulée (6-3).

L'intensité baisse au début de la deuxième manche, offrant un peu de répit aux deux acteurs, qui enchaînent les jeux blancs sur leur service. Seul événement, la présence furtive d'un drone au-dessus du stade vient perturber Nadal, qui se mue alors en un contrôleur aérien particulièrement zélé. Décidément, il s'en passe des choses dans le ciel de Miami. Federer, plus terre à terre, fait augmenter la pression sur le service de Nadal, mais manque deux balles de break à 3-3. À 4-4, 30/A, le filet choisit encore son camp et transforme un revers anodin de Federer en une redoutable amortie.

Nadal est sur la balle mais le lob de Federer retombe… sur la ligne. Nouvelle occasion de break, convertie au meilleur moment par Federer pour le plus grand plaisir de sa compagne Mirka, debout en tribunes. Son Roger sort le grand jeu à 5-4, à l'image d'un point magnifique conclu d'une demi-volée de revers, et accompagné d'un pas de danse improvisé et gracieux.

Federer boucle l'affaire après 1 h 35 de jeu sur sa première balle de match. À voir la réaction de Mirka Federer qui prend Ivan Ljubicic dans ses bras, puis celle de Federer qui embrasse le trophée comme du bon pain, il semblerait que cette victoire n'était pas tout à fait au programme. « *C'est fou, je ne sais pas comment expliquer le truc* », s'extasie-t-il. Difficile, en effet, de trouver les mots pour décrire un tel come-back.

Après 2005 et 2006, Federer réalise son troisième « Sunshine doublé » (victoire à Indian Wells et Miami), un enchaînement exigeant qui témoigne de son excellente condition physique, l'une des clés de ce retour spectaculaire, fruit d'un long travail à l'hiver 2016 avec son préparateur Pierre Paganini. « *Le but quand j'ai pris ma pause de six mois était de rejouer au tennis pour plusieurs années, pas pour un seul tournoi* », avait prévenu Federer dans le *New York Times*, après sa victoire en Australie. « *J'ai le sentiment, après avoir tellement travaillé et avec l'amour que je porte à ce sport, d'en avoir encore beaucoup dans le réservoir.* » Assez pour redevenir n° 1 mondial ? Gageons que Federer, qui remonte à la 4e place mondiale après cette victoire, garde cette jolie cerise sur le gâteau dans un coin de sa tête, alors que 2017 se poursuit comme dans un rêve.

Vainqueur : Federer
Score : 6-3, 6-4
Durée : 1 h 35
Le point : La demi-volée de revers gagnante de Federer à 5-4, 0/15 au deuxième set.
Le chiffre : 87, soit le pourcentage de points gagnés par Federer derrière sa première balle. Son record contre Nadal dans un match en extérieur.
À noter : C'est la seule victoire de Federer contre Nadal dans une finale jouée en deux sets sur dur extérieur.
Bilan : Nadal 23 – Federer 14

N° 38

DIMANCHE 15 OCTOBRE 2017
SHANGHAI

Finale

Roland-Garros et l'US Open pour Rafael Nadal, l'Open d'Australie et Wimbledon pour Roger Federer, tel est l'ordre mondial en 2017. Au diable le multilatéralisme, les deux grandes puissances ont à nouveau dominé sans partage, renvoyant les théoriciens du déclin à leurs chères études. Exclus de cette conférence au sommet, Novak Djokovic et Andy Murray, les deux meilleurs joueurs de la saison 2016, ont été brutalement relégués au second rang. En pleine crise existentielle, handicapé par une blessure au coude, le Serbe a traversé la saison comme un fantôme. Il l'a arrêtée après Wimbledon, tout comme Andy Murray, dont le ciel s'est assombri en raison d'une inquiétante blessure à la hanche, le cauchemar de tout joueur de tennis.

Le n° 1 mondial Rafael Nadal et le n° 2 Roger Federer ont donc déjà réussi leur saison et au-delà de leurs plus folles espérances, quand ils se retrouvent en octobre en finale à Shanghai. Ils croisent le fer pour la troisième fois dans l'immense Qi Zhong Stadium (15 000 places, 30 600 m^2), qui a accueilli le Masters de 2005 à 2008 et a intégré le calendrier en tant que Masters 1 000 en 2009.

S'il n'a pas joué la semaine précédente, Roger Federer est déjà en Asie depuis une dizaine de jours. Il était à Tokyo pour affaires et sa présence au Shanghai Rolex Masters tombe à pic. La marque de montres suisse est l'un de ses principaux sponsors depuis 2006, et Shanghai, fenêtre de la Chine sur le monde, est une vitrine importante quand on veut vendre des montres à des gens fortunés.

En parlant de business, Federer continue de développer sa fibre entrepreneuriale. Avec « Team 8 », l'agence de management qu'il a fondée avec son agent et partenaire Tony Godsick, il a lancé la Laver Cup, une compétition par équipes au format novateur (l'Europe contre le reste du monde) dont la première édition a eu lieu trois semaines plus tôt à Prague. Un événement au budget opulent et à la communication diablement efficace, qui a vu Nadal et Federer faire équipe en double pour la première fois, une image qui a évidemment fait le tour du monde via les réseaux sociaux.

Après avoir remporté son 16e titre en Grand Chelem à l'US Open, Rafael Nadal a donc tenu son engagement en venant à Prague malgré la fatigue, apportant ainsi son soutien à cette nouvelle compétition (ou exhibition, on ne sait pas trop) pourtant décriée dans un calendrier déjà surchargé. Un échange de bons procédés qui témoigne de leur confiance mutuelle, car Federer avait aussi fait le déplacement à Majorque pour l'inauguration de l'académie Nadal à l'automne 2016. Nadal s'est ensuite envolé pour la Chine sans Carlos Moya ni Toni Nadal, mais avec l'ancien joueur espagnol Francisco Roig.

Ami d'enfance et ancien partenaire de double de Rafa, Tomeu Salva est aussi du voyage. À Pékin, Nadal a remporté son sixième titre de la saison, avant de se hisser jusqu'en finale à Shanghai, un des trois Masters 1 000 qui manquent encore à son palmarès (avec Miami et Paris-Bercy). En pleine bourre, le Majorquin reste sur 16 succès de suite. Seul petit hic, il n'a plus battu Federer depuis la demi-finale de l'Open d'Australie 2014, soit 1 360 jours et quatre Fedal, ce qui commence à faire long…

Masters 1 000 le plus rémunérateur de la saison (1 192 780 dollars pour le vainqueur), Shanghai dispose aussi de la surface la plus rapide si l'on en croit le « Court Pace Index [1] » de l'ATP. Voilà qui

1. Le « Court Pace Index » est un indice qui permet de mesurer et de comparer la rapidité des courts dans les différents tournois du circuit.

n'est pas pour déplaire à Roger Federer, d'autant que la météo shanghaienne, bien maussade depuis le début de la semaine, oblige à jouer cette finale avec le toit fermé, offrant des conditions idoines à l'expression de son jeu offensif. Le riff mythique de « *Thunderstruck* » d'AC/DC résonne pour l'entrée des deux stars dans une mise en scène spectaculaire, alors que le speaker local s'égosille pour annoncer Federer, puis Nadal. Le Suisse arbore une inhabituelle barbe de trois jours. Nadal, rasé de plus près, est tout de bleu vêtu et porte un strapping au genou droit.

Ce 38e Fedal commence sur les chapeaux de roue. Nadal, qui a joué très près de sa ligne de fond de court toute la semaine, semble bien décidé à ne pas reculer et à faire parler sa puissance. Oui, mais Federer a déjà activé le mode martien. En avance sur toutes les balles, il place des contres assassins d'une précision époustouflante. Break d'entrée pour le maître après un premier jeu d'une violence rare. Déjà huit coups gagnants en moins de trois jeux, Federer ne refroidit pas. À 3-2, il se paie même le luxe d'un « golden game » : quatre points en quatre coups de raquette (quatre aces), pour un jeu remporté en 50 secondes chrono. Le concept plaît énormément au public chinois. Pas de suspense dans cette première manche, l'affaire est pliée sur un nouveau jeu blanc : 6-4 en 35 minutes.

Les changements de côté en musique sont l'occasion de découvrir quelques pépites de la pop chinoise. Heureusement, la pause ne dure qu'une minute trente. Le tempo s'accélère à nouveau sur le court pour débuter la deuxième manche. Malgré deux nouveaux coups gagnants fabuleux de Federer, Nadal parvient à tenir son service au terme d'un premier jeu de haute volée.

Le retour de service est un coup symptomatique de la domination de Roger et des difficultés de Rafa. Federer excelle dans ce domaine, notamment en revers, quand Nadal a toutes les peines du monde à remettre en jeu les premières balles adverses. D'ailleurs, cela fait cinq sets et 27 jeux qu'il n'a plus pris le service de son rival, depuis le cinquième set de l'Open d'Australie, définitivement un tournant dans l'histoire de leur rivalité. Federer, lui, a le break beaucoup plus facile. Il passe devant à 2-2, puis conserve tranquillement son avance face à un Nadal qui baisse peu à peu pavillon. À 5-3, Nadal loupe même un smash (c'est si rare !), offrant trois balles de match à Federer qui remporte vite fait bien fait (1 h 12) son deuxième titre à Shanghai.

Auteur d'une nouvelle démonstration, Federer ajoute un 94e titre à sa collection, égalant ainsi Ivan Lendl à la deuxième place des joueurs les plus titrés de l'histoire, un classement dominé par Jimmy Connors et ses 109 trophées. Toujours invaincu avec sa nouvelle raquette contre Nadal, il récolte un quatrième succès face à lui en 2017, le troisième de suite sans perdre un set. Qu'il est loin le temps où il pâlissait à l'idée même d'affronter sa bête noire. En 2017, c'est au contraire face à Nadal qu'il a joué son meilleur tennis.

La remise des prix s'achève sur un moment gênant mais désopilant, quand le speaker intime à Nadal de répéter après lui *« j'aime Shanghai »* en chinois. Décontenancé, Rafa s'exécute tant bien que mal sous les yeux d'un Roger mort de rire. Le Suisse n'échappe pas non plus à ce bizutage, déclenchant un début de fou rire chez les deux hommes, et un nouveau frisson de plaisir chez les fans des deux joueurs, décidément à la fête en cette année 2017 mémorable.

Vainqueur : Federer
Score : 6-4, 6-3
Durée : 1 h 12
Le point : Le contre de coup droit croisé de Federer à 2-1, 15/A dans le premier set.
Le chiffre : 0, soit le nombre de balle de break concédée par Federer. C'est la deuxième fois qu'il obtient ce score parfait contre Nadal après leur rencontre au Masters 2011.
À noter : C'est la cinquième victoire consécutive de Federer sur Nadal, son record.
Bilan : Nadal 23 – Federer 15

N° 39

VENDREDI 7 JUIN 2019
ROLAND-GARROS

Demi-finale

Un Fedal, ça n'est jamais banal, mais il y eut des époques où l'événement était si fréquent qu'on avait peut-être fini par ne plus le considérer à sa juste dimension. Une chose est sûre : pas celui-ci. Ce 39e Fedal de l'histoire est considéré comme une offrande, un cadeau du ciel que l'on n'attendait plus. Voilà un an et demi que les deux hommes ne s'étaient plus affrontés. Voilà surtout huit ans, depuis la finale 2011, qu'ils ne s'étaient plus retrouvés à Roland-Garros, où Federer n'avait pas mis les pieds depuis 2015, soit pour cause de blessure, soit par choix, parce qu'il considérait qu'il valait mieux ne pas griller trop de cartouches – surtout à l'approche de Wimbledon – dans un tournoi où il estimait ne plus avoir qu'une chance infinitésimale de gagner.

Mais ça, c'était avant. Pour cette année 2019, le Suisse a revu ses plans et décidé de faire son grand retour en terre parisienne, un véritable événement en soi. Depuis son dernier rencart avec Nadal, il a entretenu sa légende en décrochant son 20e titre du Grand Chelem lors de l'Open d'Australie 2018. Un énorme buzz, déjà, mais peut-être pas autant que l'annonce quelques mois plus tard, au début de Wimbledon, de la fin de son partenariat avec Nike pour un contrat pharamineux avec Uniqlo, estimé à 300 millions de dollars sur dix ans.

Depuis, il a un peu marqué le pas en Grand Chelem, mais son niveau reste encore très consistant. Suffisamment pour s'offrir encore, en ce début d'année 2019, un solide doublé Dubaï-Miami entrecoupé d'une finale à Indian Wells, où il aurait dû justement affronter Nadal en demi-finale si ce dernier, touché au genou droit, n'avait pas renoncé au dernier moment, provoquant le seul forfait de l'histoire des Fedal. Même si Roger lui-même a dû déclarer forfait avant son quart de finale à Rome face à Stefanos Tsitsipas en raison d'une blessure à la cuisse – une alerte sans gravité –, il affiche toujours une santé assez hallucinante pour ses (bientôt) 38 ans.

Quant à Nadal, qui vient pour sa part de fêter ses 33 ans, il a lui aussi augmenté d'une unité son capital Grands Chelems (17 désormais), en s'imposant comme de coutume à Roland-Garros un an plus tôt, en 2018. Mais son début de saison 2019 a été contrasté. On a parlé de l'épisode de son forfait à Indian Wells, il y avait eu aussi avant cela une finale atteinte à l'Open d'Australie. Une bonne performance en soi mais qui s'était soldée par une véritable raclée infligée des mains de Novak Djokovic. Rafa n'était pas tout à fait prêt...

Avec tout ça, l'Espagnol n'avait pas attaqué la saison sur terre battue avec sa sérénité habituelle. Pour se rassurer, il avait même repris son ancien geste au service, qu'il avait pourtant pris soin de modifier pendant l'intersaison, pour gagner en puissance. Mais c'est surtout dans la tête, une fois n'est pas coutume, que ça clochait un peu. Après deux sèches défaites en demies à Monte-Carlo (contre Fabio Fognini) puis à Barcelone (contre Dominic Thiem), Rafa était même au bord du gouffre, au point – on l'apprendra plus tard – d'envisager la fin de sa saison tennistique.

Il aura fallu de longues heures de discussions avec son équipe, avec son entraîneur Carlos Moya notamment, pour aider la bête à se remettre la tête à l'endroit. Ce que l'Espagnol avait commencé à faire à Madrid, malgré une autre défaite en demi-finale contre Stefanos Tsitsipas, mais surtout à Rome, où il avait enfin renoué avec la victoire en prenant sa revanche sur Novak Djokovic en finale. Le titre dont il avait absolument besoin pour relancer la machine. Juste à temps...

Nos deux légendes, c'est un fait, se font vieillissantes mais à Paris, ça ne se voit plus vraiment. Les deux hommes, toujours classés n° 2 (Nadal) et 3 (Federer) mondiaux derrière Djokovic, ont été assez expéditifs pendant ce Roland-Garros où ils ont passé à peu près le même temps sur les courts (10 h 59 pour Nadal, 10 h 45 pour Federer) et n'ont abandonné qu'un set, face à David Goffin en huitième pour Nadal et face à Stan Wawrinka en quart pour Federer. Une victoire soit dit en passant précieuse pour ce dernier face à son ultra-solide compatriote. En atteignant les demi-finales, il a largement dépassé ses espérances.

Maintenant, même s'il reste sur cinq victoires face à Nadal – son record –, Federer semble modérément enjoué à l'heure de retrouver son rival, qu'il n'a plus dominé sur terre battue depuis Madrid 2009, et qu'il n'a bien sûr jamais vaincu à Roland-Garros. *« On ne sait jamais : il peut avoir un problème. Il peut être malade... »*, s'auto-persuade le Suisse, qu'on a connu plus optimiste. Mais on le devine, aussi, plus ambitieux qu'il ne veut l'afficher. Battre Nadal au moins une fois Porte d'Auteuil serait un immense accomplissement dans sa carrière. Les bruits courent, d'ailleurs, que c'est ce fol espoir qui l'aurait poussé à revenir à Paris.

Quoi qu'il en soit, ces retrouvailles sont extrêmement attendues par l'ensemble de la planète tennis. Elles sont empreintes de solennité lorsque

Rod Laver, invité par la Fédération française de tennis à l'occasion des 50 ans de son Grand Chelem réalisé en 1969, vient se poster dans le vestibule du court Philippe-Chatrier pour croiser les deux hommes juste avant leur entrée sur le court. La légende australienne regarde avec des yeux d'enfant ceux qui sont pourtant venus lui disputer le statut de GOAT. Mais il est bien trop timide et respectueux du moment pour leur adresser le moindre mot. C'est un match pour l'histoire, clairement. On le ressent aussi à la voix de Marc Maury, le très expérimenté speaker du tournoi, étrangement tout essoufflé au moment d'égrener le palmarès des deux hommes à l'échauffement. L'émotion, sans doute…

Les seuls qui ne réalisent apparemment pas l'importance du moment sont les invités VIP des loges, désespérément vides au moment où le match commence, à l'heure du déjeuner. Voilà qui a le don de provoquer un rare mais cinglant coup de gueule à l'antenne de Laurent Luyat, le d'ordinaire si policé homme-terrasse de France Télévisions. Mais le plus agaçant dans tout ça, ce sont sans doute les conditions, terribles, avec un ciel grisonnant et surtout un vent si puissant que la spidercam, la fameuse caméra aérienne de France Télévisions – dont ce n'est décidément pas le jour – est inutilisable. En matière de Fedal, on avait à peu près tout connu, mais jamais sans doute des conditions aussi extrêmes.

Vainqueur du tirage au sort, Federer choisit de débuter vent dans le dos, probablement pour mieux mettre la pression d'entrée. Ça n'est pas loin de fonctionner puisqu'il se procure une balle de break dès le premier jeu. Mais Rafa la sauve et c'est lui qui, toutes voiles dehors, breake dans la foulée, pour se détacher 3-0. C'est mal payé pour Federer qui avait pourtant réussi à instaurer tout de suite le combat. Cela dit, le Suisse parvient à débreaker pour revenir à 3-2. Mais c'est pour mieux reperdre son engagement dans la foulée : 4-2, au terme d'un nouveau jeu marathon qui constitue le tournant décisif de ce premier set.

Ce début de match, on le voit, est assez décousu. Normal, dans ces conditions. Le vent a encore forci avec les premiers échanges, donnant aux trajectoires de balle d'étranges formes sinusoïdales et obligeant les deux hommes à ajuster leur jeu. Federer assure comme rarement sa première balle (80 % dans le premier set) qu'il frappe à une vitesse moyenne de « seulement » 176 km/h. Le jeu de Nadal, plus taillé dans le roc que brodé dans la dentelle, semble moins souffrir des caprices d'Éole, qui se font pourtant de plus en plus violents, au point de faire voler les fameux panamas sur le court.

À 5-3, 0/15, une bourrasque particulièrement agressive balance un jet de poussière dans l'œil de Federer, alors que ce n'est pas précisément le moment de perturber le maître. Qui, en bon père de famille, dira plus tard avoir eu l'impression d'être en pleine construction de château de sable avec ses enfants. Comme c'est mignon… Sept points plus tard, nouvelle rafale en pleine figure : cette fois elle provient de la raquette de Nadal, qui conclut le premier set d'un revers gagnant court croisé supersonique, décoché loin derrière sa ligne. Un coup de tonnerre dans la tempête !

Sous les yeux d'un Gustavo Kuerten tout sourire, peut-être parce que les conditions lui rappellent son troisième titre décroché ici en 2001 à l'issue d'une finale très venteuse contre Alex Corretja, Roger Federer réagit dès l'entame du deuxième set. Le Suisse breake d'entrée pour mener 2-0, service à suivre avec vent dans le dos, et balle de 3-0 à la clé. Mais Nadal finit pourtant par débreaker au prix de quelques coups gagnants extraordinaires, dont le plus beau est ce passing de coup droit pleine lucarne sur la balle de 2-1.

Le niveau de jeu est monté d'un cran. Les dieux du tennis, ça y est, ont dompté les éléments naturels et parviennent à proposer un spectacle assez exceptionnel dans ces conditions. Federer, de toute évidence, a changé de braquet mais aussi de tactique. Il lâche davantage sa première et se met à monter beaucoup plus au filet, ce qui s'avère assez payant. À 4-3 (service Nadal), 30/A, le maestro helvète décide d'ailleurs de mettre un bon coup de pression à son meilleur ennemi en montant sur son revers derrière une cinglante accélération de coup droit. Dans un moment aussi important, n'importe quel tennisman aurait bleui de panique et balbutié sa réplique. Mais pas Nadal, qui nous sort d'on ne sait où un passing de revers court croisé en plein sur la ligne. Écœurant de justesse et de solidité. Nadalesque !

C'est dans ce jeu, peut-être, que le spectacle atteint son climax. Les points sont superbes. Federer joue avec le vent comme un enfant avec son cerf-volant en alternant les « chips » courts et les grandes claques, tandis que Nadal réplique en décochant des passings qui semblent téléguidés par une force surnaturelle. C'est un régal absolu. Mais ce jeu, malgré le soutien indéfectible du public, peut-être le plus chaleureux qu'il ait jamais ressenti durant toute sa carrière comme il le dira plus tard, Federer finit par le perdre.

Pas trop grave, encore. À 4-4, rien n'est fait. Beaucoup plus préoccupant est le jeu suivant, dont il néglige un peu la conclusion alors qu'il mène 40/0 sur son service. Or, faire ça face à Nadal, c'est un peu comme tendre un os à moelle à un doberman. L'Espagnol, évidemment, se jette tel un mort de faim sur l'occasion, serre tous les boulons de son jeu pour réussir le break et transforme l'essai en remportant blanc son jeu de service. En l'espace de quelques minutes, alors que le spectacle battait son plein, il a aligné les neuf derniers points du deuxième set pour mener deux manches à rien. Implacable, vraiment…

C'est sévère pour Federer qui méritait peut-être un peu mieux. Mais c'est ainsi. Le troisième set n'est qu'une formalité pour Rafael Nadal, qui rate une balle de break d'entrée mais ravit les deux services suivants de son adversaire pour mener 4-1. Federer se doute bien que c'est terminé, ce qui ne l'empêche pas de continuer à distiller quelques instantanés de bonheur, à l'image de cette merveille d'amortie de revers à 4-1, 15/A, ou cet enchaînement service/demi-volée de revers pour revenir à 5-2, un point à faire pâlir de jalousie Rod Laver dans les tribunes. C'est beau, certes. Mais ce n'est pas suffisant.

Au bout du compte, le réalisme de Rafa finit par prévaloir. Sous un soleil enfin revenu et grâce à un ultime service gagnant, l'Espagnol parachève son ouvrage et se qualifie pour sa 12e finale de Roland-Garros, qu'il remportera pour la 12e fois, face à Dominic Thiem (6-3, 5-7, 6-1, 6-1), tombeur de Novak Djokovic dans l'autre demie. « *Jouer contre Roger Federer est toujours un plaisir et un honneur. Le plus important pour moi est d'être en finale mais c'est vrai qu'en battant Roger, ça donne un petit truc en plus…* », confiera Nadal lors d'une conférence de presse placée sous le signe d'une angoisse tacitement partagée par tous : reverra-t-on, un jour, un Fedal à Roland-Garros ?

Vainqueur : Nadal
Score : 6-3, 6-4, 6-2
Durée : 2 h 25
Le point : Le passing de coup droit pleine lucarne de Nadal à 2-1, Avantage Nadal dans le deuxième set.
Le chiffre : 9, soit le nombre de points remportés consécutivement par Nadal pour boucler le deuxième set.
À noter : C'est le plus long des trois Fedal joués en trois sets « secs », après l'Open d'Australie 2014 et Roland-Garros 2008 (tous remportés par Nadal).
Bilan : Nadal 24 – Federer 15

N° 40

Vendredi 12 juillet 2019
Wimbledon

Demi-finale

Comme à la grande époque, Rafael Nadal et Roger Federer se retrouvent à Wimbledon pour le match retour, quelques semaines après s'être affrontés à Roland-Garros. Cela fait onze ans que les deux légendes n'ont plus foulé en même temps le gazon sacré du Temple du tennis, depuis une certaine finale de 2008. Autant dire qu'il règne une excitation contagieuse dans le Centre Court, qui en a pourtant vu d'autres.

Après sa demi-finale à Roland-Garros, Roger Federer a parfaitement réussi ses premiers pas sur gazon. Pour la première fois de sa carrière, il a passé le cap des dix victoires dans un même tournoi, à Halle, une bourgade qui doit beaucoup de sa notoriété à Federer, et dont une rue porte d'ailleurs le nom. Comme chaque année depuis vingt ans, le Bâlois a ensuite rejoint Wimbledon, plus que jamais le grand rendez-vous de sa saison, le tournoi où il estime avoir le plus de chances de décrocher un 21e titre du Grand Chelem qui clôturerait peut-être le débat sur l'identité du meilleur joueur de tous les temps. Sa quête a débuté par une petite péripétie, un set perdu face au Sud-Africain Lloyd Harris (3-6, 6-1, 6-1, 6-2), 86e mondial. L'octuple vainqueur du tournoi a aussi cédé la première manche contre Kei Nishikori en quart de finale (4-6, 6-1, 6-4, 6-4), sa 100e victoire à Wimbledon et sa 186e sur gazon, deux nouveaux records.

Pour la troisième année consécutive, Rafael Nadal est arrivé à Wimbledon sans avoir joué de tournoi de préparation sur gazon. L'herbe est une surface dangereuse pour ses genoux et c'est avec beaucoup de précautions qu'il a entamé sa mise au vert à domicile, sur les courts d'entraînement du tournoi féminin de Majorque, où il n'est pas passé inaperçu. À Wimbledon, Nadal, n° 2 mondial, a été désigné tête de série n° 3 quand Federer, n° 3 mondial, est tête de série n° 2, une des nombreuses spécificités du tournoi anglais, qui a son propre système pour désigner les têtes de série.

Pas verni au tirage, Nadal s'est sorti d'un sacré traquenard au 2e tour contre Nick Kyrgios (6-3, 3-6, 7-6(5), 7-6 (3)). Fidèle à sa réputation, l'Australien a, entre autres, servi un ace à la cuillère et allumé délibérément Nadal au filet, ce qui lui a valu un regard foudroyant de la part du joueur espagnol. Cette frayeur passée, il n'a plus perdu un set jusqu'au dernier carré. Tous les voyants sont donc au vert pour Nadal qui aborde cette demi-finale fort d'une série de 17 victoires consécutives, après ses titres à Rome et Roland-Garros. « *Rafa fait tout bien, au service, en revers, en défense... Il fait exactement ce que je voulais qu'il fasse. Son niveau est spectaculaire* », s'est félicité son entraîneur Carlos Moya, resté en Espagne.

Les deux légendes font leur entrée sur le Centre Court en connaissant le nom de leur adversaire pour la finale, Novak Djokovic, qui vient de dominer l'Espagnol Roberta Bautista Agut (6-2, 4-6, 6-3, 6-2). Il fait chaud, il fait beau et le Pimm's coule à flots sur les pentes de la Henman Hill où de nombreux spectateurs ont pris place devant l'écran géant. Dans la Royal Box, les cols sont plus serrés. David Beckham, Jude Law ou encore Hugh Grant, tout le monde a mis sa plus belle cravate.

L'horloge affiche 16 h 39 quand Roger Federer lance les hostilités avec un ace. Le Centre Court est plein, *of course*, mais il règne un silence de cathédrale avant le début des échanges, il ne faudrait pas déranger les artistes. Dans la pure tradition de Wimbledon, le début de match est une bataille de serveurs. Après sept jeux disputés, Federer n'a perdu que trois points sur son engagement, Nadal deux. Ce dernier a légèrement modifié ses appuis pour gagner en puissance au service, un coup en perpétuelle évolution chez l'Espagnol.

Cela fonctionne bien avec des premières balles qui s'approchent régulièrement des 200 km/h. C'est quand même Federer qui se procure la première balle de break, l'occasion d'un premier long échange de fond de court (21 coups) qui ressemble à une subtile chorégraphie synchronisée : quand Nadal se décale à petits pas sur son coup droit, Federer répond par plusieurs fentes en revers slicés. Décidément, nos deux trentenaires ne font pas leur âge. Pas de break finalement, et donc un jeu décisif pour terminer ce premier set. Très en jambes, Nadal défend comme un beau diable et glisse un passing dans un trou de souris au premier point du jeu décisif, le genre d'échange qui peut semer le doute chez Federer. Mais le Suisse est d'un calme olympien, contrairement à son épouse Mirka, déjà dans tous ses états. Mené 3-2, Federer repasse devant puis vient chercher le set au filet et grâce à sa première balle (7 aces en tout) : 7-6(3).

En 40 Fedal, Federer en aura passé du temps à attendre son rival. Cette fois-ci, Nadal est parti faire un tour aux vestiaires avant le début du deuxième set. Un jeu plus tard, Federer, prêt à servir, attend encore que Nadal distribue sa panoplie de serviettes aux ramasseurs. À 1-1, Federer est mis pour la première fois à l'épreuve sur son service. Il sauve deux balles de break au filet. Nadal se retrouve à son tour dans la panade au jeu suivant, un scénario classique. Là non plus, Federer ne parvient pas à convertir deux occasions. Et le niveau du Suisse chute brutalement, profitant à Nadal qui lui chaparde son service à deux reprises. La messe est dite, Federer balance le dernier jeu avec même une tentative de SABR, sans grande conviction. 6-1, Nadal égalise à un set partout.

Federer débute le troisième set avec de bien meilleures intentions. À 2-1, le diable Roger ressort de sa boîte. Il retrouve son jeu de jambes – qui semble avoir été spécialement conçu pour le gazon – et enchaîne deux superbes points pour prendre le service de Nadal. On peine à croire qu'il vient d'avoir 38 ans. La bataille fait rage et Nadal a trois occasions de débreaker, mais il fait face à un mur. Il a beau s'énerver en coup droit, c'est Federer, impérial en revers, qui remporte les longs échanges en le faisant craquer, une inversion des rôles surprenante. Toujours aussi calme, Federer gère parfaitement son avance. Sa première balle ne le trahit pas (74 % de première dans ce troisième set). Elle lui permet de conclure tranquillement la manche sur un jeu blanc : 6-3.

Nadal essaie de se remobiliser en adoptant un langage du corps positif au début du quatrième set et il s'encourage bruyamment après le gain du premier jeu : 1-0 et Roger attend – ça faisait longtemps –, que Nadal remette sa chaussure cette fois-ci. Rafa a eu la courtoisie de le prévenir de ce retard malencontreux en l'interpellant directement d'un *« Roger »*. Même après toutes ces années de rivalité, certaines choses demeurent inchangées. Ainsi, Rafa laisse toujours Roger passer au changement de côté en le regardant du coin de l'œil. Nadal est sous pression face à un Federer à la mode de 2017. Il finit par craquer à 2-1, breake Federer.

Déjà d'excellente facture, le match bascule dans une tout autre dimension à partir de 5-3. À deux points du match sur le service de Nadal (40/A), Federer demande le challenge sur une première de Nadal alors qu'il avait frappé le retour du siècle. Grave erreur, s'il n'avait pas challengé il aurait obtenu une balle de match, c'est ce qui s'appelle se tirer une balle dans le pied. Les deux hommes en rigolent, après tout ce n'est qu'un jeu. Imperturbable, Federer obtient tout de même une première balle de match quelques instants plus tard, sauvée par un bon service de Nadal. Le Suisse n'a pas l'air rattrapé par les fantômes du passé. Il se procure une deuxième balle de match, encore écartée par Nadal qui remporte ensuite un nouveau point fabuleux pour finalement revenir à 5-4.

Federer ne loupe quasiment rien, mais Nadal a l'air imbattable. Cette fin de match est digne de leurs plus grands affrontements. À 5-4, 30/A, Federer a le point en main, Nadal défend d'un lob un peu désespéré, le smash de Federer termine… directement dans la tribune. Balle de 5-5 pour Nadal, qui vient s'empaler sur un des rares slices de revers du Suisse. Federer obtient une troisième balle de match, la première sur son service.

Attachez vos ceintures, la suite est renversante : un échange de 24 coups façon grand huit à vous déclencher des haut-le-cœur et des cris d'effroi, surtout quand une balle de Nadal touche la bande du filet. Mirka, les deux mains sur le visage, préfère ne pas regarder. Malmené tout le point, Nadal défend comme un damné et parvient à renverser la vapeur d'un coup droit rageur. La quatrième balle de match vaut aussi le détour, avec un nouvel exploit du taureau de Manacor, auteur d'un passing de revers venu d'ailleurs. Le Centre Court bascule dans l'hystérie. Et Federer ne se démonte toujours pas pour aller chercher une cinquième balle de match. Cette fois-ci, c'est la bonne, Roger Federer délivre son clan et les 15 000 spectateurs, l'attraction est terminée, tout le monde descend.

La longue standing ovation du Centre Court accompagne les deux hommes qui quittent ensemble le terrain de leurs plus beaux exploits. La joie laisse vite place à la nostalgie, et à l'angoisse de ne plus jamais les y revoir. Quoi qu'il arrive, les deux hommes se souviendront de cette 40e rugissante. « *L'ambiance était complètement folle à la fin. Battre Rafa, à Wimbledon, devant un tel public, avec un temps magnifique, cela restera comme un de mes matchs favoris* », déclare Federer.

Roger, qui a pourtant la phobie des manèges à sensation, entraînera ses fans dans des montagnes russes encore plus effroyables le lendemain face à Novak Djokovic en finale. Au cinquième set, les deux têtes brûlées expérimenteront le premier jeu décisif à 12-12 au cinquième set de l'histoire de Wimbledon. Trois quarts d'heure plus tôt, à 8-7 en sa faveur, Federer a obtenu et manqué deux balles de match sur son service. C'est finalement Djokovic qui remportera ce monument de 4 h 57 (7-6(5), 1-6, 7-6(4), 4-6, 13-12(3)), la plus longue finale de Wimbledon, et l'un des plus grands matchs de l'histoire aussi. Comme pour nous aider à tourner définitivement la page Fedal.

Vainqueur : Federer
Score : 7-6(3), 1-6, 6-3, 6-4
Durée : 3 h 02
Le point : Le coup droit de Nadal après un échange à 24 coups pour sauver une balle de match à 5-4, Avantage Federer dans le quatrième set.
Le chiffre : 10 soit le nombre d'aces réussis par Nadal, son record dans un Fedal.
À noter : C'est la seule victoire de Federer après avoir perdu un set aussi sèchement (6-1).
Bilan : Nadal 24 – Federer 16

Conclusion

En revisitant l'histoire complète de la rivalité entre Roger Federer et Rafael Nadal, nous nous sommes offert un voyage dans le temps, une plongée nostalgique au cœur de l'âge d'or du tennis. En près de 100 heures passées à visionner les 40 Fedal, nous avons poussé des murmures d'admiration, parfois des soupirs de déception, des hurlements de joie et il nous est même arrivé de nous laisser happer par le suspense, quand nous étions pourtant censés connaître le résultat à l'avance… Le tennis est un sport de fous, surtout quand Nadal et Federer ont décidé d'en découdre au cinquième set. Rome 2006, Wimbledon 2008, Australie 2017, il fallait avoir le cœur bien accroché pour suivre ces deux pilotes de l'extrême prêts à basculer d'un violent coup de volant vers la victoire ou la défaite.

Quoi de plus beau que de les voir explorer ensemble les confins du possible sur un court et se livrer à quelques points de Martiens, dont certains, parmi les quelque 7 690 qu'ils ont disputés, sont passés à la postérité. Toujours plus haut, toujours plus fort : en plus de quinze ans de rivalité, Nadal et Federer n'ont cessé de se pousser à explorer leurs propres limites. Nadal a réussi l'exploit de déjouer les pronostics en étant le premier à aller battre Federer sur son propre terrain, à Wimbledon. Poussé dans ses retranchements, Federer a changé de tactique de façon spectaculaire pour reprendre l'ascendant sur Nadal à partir de 2017, à 35 ans. Qui l'eût cru…

Bien sûr, il y a ces finales de Grand Chelem homériques qui marqueront l'histoire du jeu à jamais. Mais nous avons aussi pris plaisir à redécouvrir des Fedal plus méconnus et dont la qualité nous a souvent agréablement surpris. L'occasion de se délecter avec jubilation de petites scènes oubliées qui ont fait la vie de ce vieux couple : un incident d'arbitrage, une prise de bec, un moment drôle… Si elle a connu des hauts et des bas, cette relation fut empreinte d'estime et d'une complicité non feinte qui ont grandi avec les années, au gré d'opérations commerciales ou caritatives communes. Mais sur le court, la bataille fut toujours sans merci, quel que soit l'enjeu. Une question d'ego, bien sûr, mais aussi de respect pour le sport.

Du côté du public, même chose : un Fedal ne se déguste jamais comme un verre d'eau tiède. Impossible de rester neutre et de ne pas prendre parti pour l'un ou pour l'autre, tant les deux hommes, au-delà de leur plus parfaite asymétrie stylistique, incarnent des valeurs différentes. L'un symbolise l'idéal de classe pure, de talent naturel, de génie absolu, quand l'autre est un parangon de combativité, de détermination et de dépassement de soi. C'est aussi la raison pour laquelle Federer et Nadal ont profondément divisé la communauté des passionnés de tennis, jusqu'à déchaîner les passions, quand eux, pourtant, voulaient afficher leur complicité au grand jour.

Mais ce sont bien les oppositions de style qui font les plus grandes rivalités. Et Fedal est assurément l'une des plus mythiques rivalités que le sport ait jamais engendrées, à l'instar des Ali-Frazier, Prost-Senna, Messi-Ronaldo, Jordan-Johnson, ou Borg-McEnroe pour rester dans le tennis. Federer et Nadal n'avaient rien en commun ou presque, sinon leur qualité principale : un amour immodéré pour le tennis. Jamais peut-être on n'avait vu deux champions exceller autant dans leur sport, jamais peut-être on n'avait tout simplement vu deux champions aimer autant leur discipline.

Et c'est le tennis dans son ensemble qui a profité de l'engouement suscité par ses deux rock-stars. Augmentation des prize money, des audiences, du nombre de pratiquants… les deux hommes auront été pendant des années la locomotive d'un sport qui attend avec angoisse l'annonce de leur retraite sportive. Au fil des années, Federer et Nadal – car l'un ne va pas sans l'autre – sont devenus de véritables vaches sacrées, des intouchables, des icônes du XXIe siècle. Leurs records, comme on a pu le croire dans un premier temps, ne sont peut-être pas éternels, un grand nombre d'entre eux ont d'ailleurs d'ores et déjà été battus par Novak Djokovic, l'autre acteur incontournable de cette période bénie. Malgré tout, pas de doute, leur héritage restera immortel.

D'ailleurs, en lisant ce livre, peut-être vous êtes-vous surpris, au détour d'un point, d'une accélération foudroyante de Federer ou d'un passing implacable de Nadal, à revisiter votre propre histoire personnelle. C'est normal. Fedal, c'est un patrimoine public et aussi une partie de chacun d'entre nous : pour la plupart des matchs revisités, nous pouvons tous dire précisément où nous étions, et ce que nous faisions. L'émotion a cette faculté de graver le souvenir dans le marbre. En ce sens, Fedal, c'est aussi une nostalgie, le délicieux parfum d'un pan de notre jeunesse (plus ou moins) envolée, le bruissement d'une page inoubliable que l'on s'apprête à tourner. Et au moment d'en écrire la dernière ligne, d'en poser le dernier point, voilà que nous nous laissons envahir par cette conviction, teintée de tristesse mais aussi de gratitude envers ce que le tennis nous a offert : plus jamais, probablement, nous ne revivrons ça.

STATISTIQUES

Nombre total de matchs : 40

Federer 16 / Nadal 24

En finale : 24

Federer 10 / Nadal 14

En Grand Chelem : 14

Federer 4 / Nadal 10

Open d'Australie

Federer 1 / Nadal 3

Roland-Garros

Federer 0 / Nadal 6

Wimbledon

Federer 3 / Nadal 1

US Open

Aucune confrontation

En finale de Grand Chelem : 9

Federer 3 / Nadal 6

Au Masters : 5

Federer 4 / Nadal 1

Au meilleur des 3 sets : 23

Federer 11 / Nadal 12

Au meilleur des 5 sets : 17
Federer 5 / Nadal 12
En cinq sets : 6
Federer 3 / Nadal 3
Sur terre battue : 16
Federer 2 / Nadal 14
Sur gazon : 4
Federer 3 / Nadal 1
Sur dur : 20
Federer 11 / Nadal 9
Dur extérieur : 14
Federer 6 / Nadal 8
Dur intérieur : 6
Federer 5 / Nadal 1
Fedal le plus rapide : Masters 2007
Federer en 59 minutes
Fedal le plus rapide en Grand Chelem :
Roland-Garros 2008
Nadal en 1 h 48
Fedal le plus long : Rome 2006
Nadal en 5 h 05
Fedal le plus long en Grand Chelem :
Wimbledon 2008
Nadal en 4 h 48
Nombre total de sets : 124 [1]
Federer 53 / Nadal 71

---

1. Chacun des deux joueurs a remporté 20 fois le premier set.

Nombre total de jeux : 1 223
Federer 589 / Nadal 634
Nombre total de points : 7 690
Federer 3 801 / Nadal 3 889
Nombre total de jeux décisifs : 22
Federer 11 / Nadal 11
Nombre total d'aces : 425
Federer 329 / Nadal 96
Record d'aces de Nadal : 10 (Wimbledon 2019)
Record d'aces de Federer : 25 (Wimbledon 2008)
Nombre total de doubles fautes : 133
Federer 67 / Nadal 66
Record de doubles fautes de Nadal : 4 (cela lui est arrivé lors de 5 Fedal différents)
Record de doubles fautes de Federer : 9 (Miami 2005)
Balles de break converties : 39 % (260/661) [1]
Federer 37 % (119/318)
Nadal 41 % (141/343)
Durée totale de leurs matchs : 95 h 55
soit 3 jours, 23 heures et 55 minutes [2]
Nombre de victoires sans perdre un set :
Federer 8 / Nadal 11
Plus grande série de victoires consécutives :
Federer 5 (une fois) / Nadal 5 (trois fois)

---

1. En 2017, Federer a enchaîné trois matchs sans se faire breaker (Indian Wells, Miami et Shanghai).
2. Un peu plus que l'intégralité de la série *Les Sopranos* (3 jours et 14 heures).

Plus grand nombre de Fedal en une année :
6 (en 2006)
Tournois[1] :
Roland-Garros 6
Masters 5
Open d'Australie, Wimbledon, Miami 4
Monte-Carlo, Madrid, Indian Wells 3
Rome, Hambourg 2
Cincinnati, Shanghai, Dubaï, Bâle 1
Continents :
Europe : 24
Federer 8 / Nadal 16
Amérique du Nord
(tous aux États-Unis) : 8
Federer 4 / Nadal 4
Asie : 4
Federer 3 / Nadal 1
Océanie : 4
Federer 1 / Nadal 3
Victoires de Nadal à Roland-Garros : 6
Victoires de Federer au Masters : 4

Le match où Nadal a marqué le plus de points :
Wimbledon 2008 (209 points)
Le match où Federer a marqué le plus de points :
Wimbledon 2008 (204 points)

1. Ils ne se sont jamais affrontés à l'US Open et en Coupe Davis.

Le match où Nadal a marqué le moins de points :
Masters 2007 (34 points)
Le match où Federer a marqué le moins de points :
Rome 2013 (36 points)

Federer a perdu trois matchs en remportant plus de points que Nadal :
Dubaï 2006 (78 points à 71 pour Federer)
Rome 2006 (179 points à 174 pour Federer)
Open d'Australie 2009 (174 points à 173 pour Federer)
Nadal n'a perdu aucun match en remportant plus de points que Federer.
Nadal est le seul à avoir gagné un match en ayant sauvé au moins une balle de match (et même deux) :
Rome 2006

Pour finir, Fedal, c'est aussi :
9 finales du Grand Chelem (record ex-aquo avec Nadal-Djokovic)
11 Grands Chelems remportés consécutivement entre Roland-Garros 2005 et l'US Open 2007 inclus

REMERCIEMENTS

Nous tenons à remercier notre éditeur Christophe Absi, qui nous a guidés et encouragés, de la conception du projet jusqu'à la rédaction des dernières lignes de ce livre. Merci aussi aux correcteurs et à toutes les équipes de Flammarion. Notre reconnaissance va également aux différents témoins qui nous ont aidés à mieux comprendre le parcours de ces deux champions, particulièrement Yves Allegro, Marc Rosset ou encore Pascal Maria. Et enfin, merci Rafa, merci Roger, pour toutes ces belles émotions.

Christophe Perron

Merci d'abord à Rémi Bourrières, mon excellent partenaire de double, de m'avoir emmené dans ce beau projet.

Merci à ma compagne Mélissa et à toute ma famille pour le soutien. Merci à mon père pour les premiers avis et relectures.

Rémi Bourrières

Merci à Christophe Perron d'avoir été un partenaire aussi solide dans cette trépidante aventure qu'il l'est sur un terrain de tennis.

À mes choupettes, Lyséa, Naomi. Et à leur maman Gwenaëlle.

Table

Imprimé en France par CPI
en septembre 2021

Cet ouvrage a été mis en pages par
<pixellence>

Dépôt légal : octobre 2021
N° d'édition : L.01ELKN000866.N001
N° d'impression : 165332